高情商孩子的表达课

王莉 著

Expressing Class

天津出版传媒集团
天津人民美术出版社
天津教育出版社

图书在版编目（CIP）数据

高情商孩子的表达课 / 王莉著. -- 天津：天津人民美术出版社：天津教育出版社，2020.4

ISBN 978-7-5305-9343-1

Ⅰ.①高… Ⅱ.①王… Ⅲ.①语言表达－儿童教育 Ⅳ.① G613.2

中国版本图书馆 CIP 数据核字（2019）第 246097 号

高情商孩子的表达课

GAOQINGSHANG HAIZI DE BIAODA KE

出 版 人：	杨惠东
责任编辑：	鲁　荣　王剑文
技术编辑：	李宝生　姚德旺
出版发行：	天津人民美术出版社
社　　址：	天津市和平区马场道150号
邮　　编：	300050
电　　话：	022-58352900
网　　址：	http://www.tjrm.cn
经　　销：	全国新华书店
印　　刷：	衡水泰源印刷有限公司
字　　数：	155千
印　　张：	15
印　　数：	14001—24000
开　　本：	710mm×1000mm　1/16
版　　次：	2020年4月第1版　2021年2月第3次印刷
定　　价：	42.80元

版权所有　侵权必究

序言

会说话，是人生的第一本领

从古至今，说话不仅是一种生理功能，更是一种伟大的本领。杰出的政治家之所以能纵横捭阖、指点江山，很多时候靠的就是出色的表达能力。虽然普通人要达到这样的高度十分困难，但表达能力的确是一种必须要具备的重要素养：不仅谈判、工作中需要，日常生活中也同样不可或缺。

在对待孩子语言表达能力的问题上，很多父母都存在误区。一些父母认为，说话谁都会，还用学吗？孩子在学校、在家里都要张嘴说话，自然而然就能说清楚呀！另一些父母则认为，能力第一，说得好不如做得好，为什么要学"耍嘴皮子"的功夫呢？能把话说出来，别人听得懂就可以了。

殊不知，事实上说话本身就是一种能力，这种能力关乎孩子的未来。口才影响着我们的沟通能力、交往能力，甚至也会反作用于思维能力。在与那些具有优秀语言能力的孩子竞争时，表达能力不强的孩子自然会处于劣势。父母无意中的疏忽，很可能造成孩子未来最具竞争力的某种能力的缺失。以后再想恶补，很可能为时已晚，或者要花更多的时间和精力。

语言是思维的工具，一个人说话的水平往往是其思维能力的外化。语言发展水平的高低，是鉴别孩子智力水平高低的一个重要标志。心理学家的研究表明，儿童期是发展口语的最佳时期，让孩子在这个时期逐步形成良好的语言习惯，是发展他们智力、口头与书面表达能力、对知识理解能力的前提。有了这些能力，孩子将受益终生。

在孩子成长的过程中，父母是孩子的第一任老师和最依赖的人，家庭环境会时刻影响着孩子。同时，父母及其在各自家庭中的语言也是孩子潜意识认知的来源和土壤，将影响孩子的世界观、人生观、价值观，决定孩子未来的命运。父母之间的言谈、父母与孩子的对话以及说话的方式、态度等，都会在潜移默化中对孩子的语言、行为、情绪以及思维方式产生影响。

当一位妈妈和朋友谈事情的时候，孩子在旁边吵闹，妈妈的不同反应、说出的不同的话语，会对孩子产生不同的影响。一个妈妈可能会大声地指责孩子："别吵啦！烦死了！"而另一个妈妈可能会说："我正在谈事情，请你保持安静，好吗？"孩子从前者的语言中只能学会用指责、命令的方式解决问题，却会从后者的语言中学到讲礼貌和遵守规则——在别人谈话的时候要保持安静。

此外，在上述第一个妈妈的语言中，我们可以感受到她有些不耐烦和生气，孩子会认为是自己不够好才惹妈妈生气的，从而产生自卑、自责的心理；而第二个妈妈，她的孩子在她的语言中感受到的是尊重，孩子在保持安静的同时还会为自己能够和妈妈合作而感到自豪。

语言不但包括"说什么"，还包括"怎么说"。这里的"怎么说"包括父母说话时的态度、语气、语调、手势、表情等很多方面。所以，父母不要以为只要不说伤害孩子的话就可以了，自己不经意的状态很可能会伤害到孩子。

父母不仅要注意和孩子沟通时的语言，还要注意自己在和家人、朋友、同事等沟通时的语言，这些都有可能会被孩子关注和模仿。所以，父母的语言就是对孩子的家教。在和孩子沟通的过程中，父母说什么、怎么说，都会直接影响孩子对这个世界的看法、对自我身份的认定以及与这个世界相处的方式，而这些都将是决定孩子命运的关键因素。

在对孩子语言表达能力进行培养的同时，我们也可能在无形中培养了孩子其他方面的能力。例如说话，对于我们是稀松平常的事情，但对孩子却无比重要。所以，作为父母，我们该怎样帮助孩子提高语言表达能力？该怎样改善我们的说话方式，锤炼我们的语言能力，从而在潜移默化中将孩子培养成才呢？这正是本书所讨论的问题。

希望读过本书之后，你不仅可以在理论上知道孩子说话的重要性，更能在实践中打通亲子沟通的"次元壁"，帮孩子建立起自信，真正帮助孩子提高语言表达能力，培养出语言、行为、情绪以及思维方式全面发展的高情商孩子。

目录
CONTENTS

第一课
别让孩子输在不会表达上

1.1　优秀的孩子更要会表达自己　　_002

1.2　孩子总说脏话怎么办　　_006

1.3　社交礼仪是赢得尊重的"名片"　　_011

1.4　微笑是一种阳光般和煦的表达力　　_016

1.5　对长辈的尊重，也是孩子优秀的另一种体现　　_021

1.6　说话有"度"，才能共享快乐　　_025

1.7　要会"说"，更要会"听"　　_029

1.8　感谢比命令更能打动人心　　_033

第二课
打开孩子心门的七个小技巧

2.1　什么年龄说什么样的话　　_040

2.2　永远不要强迫孩子说话　　_044

2.3　允许孩子勇敢说出那些你不想听的话　　_048

2.4　炫耀是扼杀孩子表达的"拦路虎"　　_052

2.5　孩子的神态不会撒谎　　_055

2.6　和孩子好好说话，他才懂如何表达　　_059

2.7　语言丰富的孩子是用书"喂"大的　　_062

第三课
七种"爱的表达"消融沟通障碍

3.1　别让不恰当的批评成为孩子一生的伤害　　_068

3.2　放下说教，走进孩子的世界　　_073

3.3　学会对孩子说"你能行"　　_077

3.4　学会对孩子说"对不起"　　_082

3.5　掌控自己的情绪，让孩子自由表达　　_087

3.6　父母高情商，孩子才能会说话　　_091

3.7　用角色扮演激发孩子的语言想象力　　_096

第四课
会说话，轻松建立孩子的自信心

4.1	自信不在声高	_102
4.2	不说谎才有底气	_108
4.3	用"需要"帮孩子建立责任感	_113
4.4	用赞美和鼓励战胜焦虑与胆怯	_117
4.5	"重复"是活学活用的前提	_120
4.6	细心观察，为孩子化解尴尬	_124
4.7	勇气是对孩子勤于练习的奖赏	_129

第五课
开启非凡表达力的八个小窍门

5.1	阅读是门槛最低的高贵生活方式	_136
5.2	懂幽默的孩子走到哪里都是焦点	_140
5.3	用语言描述构建孩子的认知与表达	_144
5.4	孩子爱说，从父母回答"为什么"开始	_148
5.5	增强理解能力的法宝：建立语言和实物的连接	_152
5.6	如何学知识？先讲后背，事半功倍	_156
5.7	用小故事打开孩子的话匣子	_159
5.8	用孩子喜欢的语言来交流	_164

第六课
学会共情沟通，拥有更多好朋友

6.1　学会倾听是比会说更重要的技能　　　_170

6.2　开口之前先动脑，说别人能接受的话　　_175

6.3　不用指责的口吻讲话　　　　　　　　_180

6.4　尊重隐私，教会孩子守住秘密　　　　_184

6.5　有的放矢，说对方感兴趣的话题　　　_188

6.6　换位思考，让孩子在说话中学会宽容　_192

6.7　培养孩子拥有一颗善良的心　　　　　_196

第七课
优秀的表达能力带来终身受益的七大能力

7.1　所答对所问，学会思路清晰地表达　　　　_202

7.2　不"胡言乱语"，提升逻辑思维的能力　　　_207

7.3　少说"废话"，培养孩子的概括能力　　　　_212

7.4　尊重是天平，培养孩子的沟通能力　　　　_216

7.5　交流是"良药不苦口"，提高孩子的心理承受力　_220

7.6　做"有心"的听者，培养孩子的信息收集能力　_223

7.7　肯定他人，培养孩子的团体合作能力　　　　_226

第一课

别让孩子
输在不会表达上

1.1 优秀的孩子更要会表达自己

有句话是说"爱笑的人,运气不会太差"。其实,会说话的人才能拥有真正的"好运气"。

尤其是在现代社会中,所谓的人情世故,大部分体现在表达上。一个人即使能力超群,但情商匮乏,社交技能不足,言谈之间枯燥无趣,恐怕也会让很多原本可以顺利进行的事情横生枝节。相反,一个人如果拥有出色的表达能力,就能让原本困难的事变得事半功倍。

前段时间,我偶然从电视上看到了一档之前热播的明星亲子节目,其中给我留下深刻印象的,不是他们身上自带的明星光环,而是孩子们出色的交际和表达能力。即使是刚几岁的小朋友,在镜头面前也能谈吐自如,毫不怯懦,不仅很快适应了环境,还迅速和周围的小朋友打成一片,不管走到哪儿都是人群中最耀眼的小明星,在完成任务的时候也是效率最高、运气最好的一个。

为什么有些孩子小小年纪就能拥有这样出色的表达力?难道也是因为明星光环的缘故?

事实上,这种能力并非与生俱来,它是一种综合教育的成果体现,简

第一课
别让孩子输在不会表达上

而言之，这些能力都是需要父母们下大力气去培养的。

平时，我经常接到不少父母的求助，他们担心孩子的语言表达能力不好，甚至为此忧心忡忡。

有的妈妈说，自己的孩子什么都好，就是胆子小，人一多就不敢说话，甚至会号啕大哭；有的妈妈说，自己的孩子说话颠三倒四，有时候别人不理解他的意思，他就会大发雷霆；还有的妈妈说，自己的孩子学习成绩很好，但性格内向，不喜欢交朋友，担心会影响他的心理健康；等等。

家长们的担心不是全无道理，在现代社会，语言表达能力是孩子在成长过程中需要掌握的一项重要技能。

生活中我们也经常会发现，一些会说话、情商高的孩子总是容易获得更多的关注和更好的运气，而有些非常优秀、学习成绩很好的孩子，却因为不能很好地表达自己的观点而白白错失机会。

我曾经的学生小溪，是一个非常聪明的孩子，在"奥数"比赛中次次拿第一，围棋比赛年年获奖，钢琴演奏水平达到了八级，多次荣获全国绘画大赛金奖……但就是这样一个"别人家的孩子"，却也有让妈妈非常担忧的问题——在外人面前不敢大声说话。

有一次，我让她代表班级参加学校的一个接待活动，活动内容很简单，就是给外校参观人员介绍一下楼道里的几张摄影作品。在这之前，我已经帮她做足了功课，为每张作品写了具体的说明，小溪只要负责背诵下来，然后"讲"给来访者听就可以了。

当天参观的人很多，他们被分成了十几个组。前两组经过的时候，小溪带着耳麦,按照稿件讲解,也算顺利地完成了任务。尽管她的声音不大,但是做事一向认真的她还是能一字不落地讲完所有的内容,得到了来宾的称赞。小溪的紧张情绪终于得到了缓解。

但是到了第三组的时候,小溪的麻烦来了,领队的是一位年轻人,小溪刚开口说:"这幅作品……"她的话就被那位年轻人打断了:"小同学,你参加摄影活动吗?"这个问题是稿件中没有的,所以小溪就不知道自己该如何回答了。

"没事,小同学,我就是简单地和你聊聊,你对这些摄影作品怎么看?"

这句话也不是小溪背诵的内容,她张口结舌,脸憋得通红,手心也开始出汗。

"别紧张,我看这幅作品拍摄的是学校的校门,这个校门很有特色!是建了很多年了吗?"年轻人试图缓解尴尬的气氛,但小溪还是一句话都说不上来。对于这样简单的问题,原本小溪实话实说就可以了,但她内心害怕说错话的恐惧让她觉得这远比一道"奥数"题难得多。最后,年轻人拍了拍小溪的后背,转身走了。

小溪作为班级里的优秀学生,难道如此简单的聊天都无法应对吗?不是的,对于这些问题的答案,小溪完全可以组织好语言和来宾交流,但是小溪却非常不自信。对于自己表达能力的不自信,让她无法坦然地回答问题。

语言是思维的工具,儿童期更是发展口语的最佳时期。让孩子拥有良好的语言表达能力,不仅是为了让孩子能说话,更重要的是让孩子敢说话、

第一课
别让孩子输在不会表达上

会说话。

一个人能自信地站在人前说话，自信地表达自己的观点，让别人通过语言看到自己的内心，看到自己的专业素质，看到自己的内在储备和丰富的认知，是一种看似简单却极其重要的能力。

然而，现在很多家长会给孩子报各种兴趣班，却很少意识到语言表达能力也是孩子在成长中需要掌握的一项重要技能。甚至有些家长在孩子出现表达问题之后，还认为说话不是什么大问题，长大自然就好了。

殊不知，家长的这种认识误区，不仅会影响孩子表达能力的提升，还会对孩子的沟通、交往甚至思维能力形成障碍，等到发现问题为时已晚。

前段时间，我参加了一个面向成人的国际化培训项目。面对来自美国名校的博士生导师的提问，我们的学员竟然一个表达看法的都没有，反而像小学生一样，都把头埋得低低的，唯恐被教授"点将"。

也许中国人从小接受的教育就是要内敛谦卑，大家习惯了把自己的心思藏起来。但是这种"传统"该让我们的孩子继承下去吗？难道要让他们长大成人后再去弥补语言表达这个短板吗？

作为父母，我们努力培养孩子的表达能力，不是一定要培养孩子成为超级演说家，而是为了让他们在以后的人生中，可以勇敢地面对一切，大胆表达自己内心的想法和观点，说出自己想说的话，成为众人中那位敢于表达自己思想的人。这是父母能够给予孩子的巨大财富。

1.2 孩子总说脏话怎么办

每个孩子都是降临凡间的天使。当有一天，这个天使突然露出坏笑，变身小恶魔的时候，让人有些猝不及防。

我有一位老领导，盼星星盼月亮，终于喜得孙女，可把他高兴坏了。由于工作原因，平时老领导与孙女是分开居住的，他想见孙女一面都很不容易，所以每次孙女回来，都如同家中的盛事，他会大办宴席盛情款待，就像那句老话所说的——"隔辈亲，亲在心；隔辈亲，连着筋"。

到了孙女能喊"爷爷"的时候，老领导美得每天嘴上就挂着孙女的事。孩子周岁的时候，一个周一的早晨，老领导跟大家闲聊，高兴地说："你们知道吗？我孙女登上窗台，我告诉她这太危险，她指着我的鼻子说'你个老混蛋'。我孙女会说'老混蛋'了！"接着就哈哈大笑起来。

老人被孩子指着鼻子辱骂还能开怀大笑，这样的"佛系"心态还真不是人人能有的。

工作中，不止一位家长曾和我说："教孩子一个成语很难，但是孩子学会一句不文明的话却只要一瞬间。"

我有一个朋友，就正在为此而苦恼，她说："我儿子快上小学了，平

第一课
别让孩子输在不会表达上

时我工作忙,孩子都是家里老人带,跟我沟通比较少。没想到,前段时间我突然发现,孩子不知道怎么染上了爱说脏话的习惯,我狠狠地教育了他一通之后,他答应不再说了,但没几天又犯了。我们大人平时在孩子面前说话都很注意,他马上就要入学了,我真的特别着急,他怎么会染上这样的坏毛病呢?"

其实,不光是我的这个朋友,很多家长在第一次听到孩子说脏话的时候,都会感到如五雷轰顶。毕竟,孩子说脏话、骂人,都会被认为是家教不好的表现,家长自己明明已经千般小心,猛然听到孩子口中蹦出这样的词汇难免又羞又恼又窘。

其实,孩子会说脏话的原因,跟大人想象的完全不一样。

孩子与大人的沟通方式不同,在他们的沟通系统中,大人所谓的"脏话"在他们看来只是一种表达方式,他们并不认为那是骂人的脏话,甚至还认为是一种好话,可以吸引大人或者小伙伴的注意。

还有的时候,孩子之所以喜欢说脏话或骂人,是因为这些话能给他们带来"力量感"。因为,他一说某句话或某个词,大人的反应就很强烈,他第一次发现了语言的力量,这是他语言表达进步的标志之一,也是他真正从用哭闹吸引大人注意转向用语言"控制"大人的开始。

为了杜绝孩子的不文明言行,大多数父母在孩子说脏话时会予以非常强烈的"禁止":"你说什么?这么难听的话,怎么说得出口?"或者对孩子说:"再说就打你!"等等。然而,不管家长多么强硬,如此做法往往并不见效,有时孩子还会愈说愈来劲。

语言，是孩子与这个世界沟通的重要工具，当他们学会说话时，他们已经学会用语言来表达自己的情绪，因此，当他们通过说脏话来体现自己的力量时，很多时候是想得到应有的重视和尊重。

因此，对于父母来说，面对这一现象，除了心理上要淡定一点儿，也要好好反思一下：是不是自己平时的行为没有注意，给孩子带来了不好的影响呢？

我家楼下有一位老人，没什么文化，连自己的名字都认不全。她常带着孙子在院子里玩儿。孩子一岁多的时候，已经可以发出简单的字音了。没事的时候，他喜欢拿着一把小铲子在院子里随意地铲土。老人经常一边择菜一边照看孙子。因为小家伙儿到处溜达，老人颇不耐烦，一会儿说："就在这里玩儿，跑那么远不嫌折腾？"一会儿又说："别动那个，那个会砸死你的。"孙子用力把土扬了起来，她就又高喊："妈的，这小兔崽子，真不听话。"

后来，老人的小孙子上了小学。有一天，他妈妈接他放学，孩子走在前边，手里拿着面包，边走边吃，妈妈拿着书包跟在后面。碰巧遇见一位熟人，妈妈热情地跟朋友打招呼，同时拍打着孩子的肩膀说："赶紧叫阿姨。"孩子被妈妈的拍打吓了一跳，一大口面包没咬住，掉在了地上，他怒气冲冲地对妈妈嚷道："妈的，你还我面包！"

日本著名的五岁儿童——动漫人物"蜡笔小新"，曾经对妈妈美伢说过这样一句话："小孩子是看着父母的背影长大的。"

很多人年轻的时候对这句话并没有特别的理解，等到为人父母才知觉

第一课
别让孩子输在不会表达上

自己肩上的担子有多重。

每个孩子都是一个天生的模仿者。对孩子来说，父母和身边人对他们潜移默化的影响，远比在课堂上的读书写字重要得多。他看到大人做什么、说什么，就会模仿，并没有判断是非的能力。如果父母或者电视里说了不好听的话，就会成为孩子模仿的对象，所以，家长一定要在生活中以身作则，为孩子提供健康的语言环境。

小孩子的可塑性是非常强的，很多孩子的"脏话病"只是一个阶段性问题，只要家长学会冷静地应对、温柔地引导，就可以帮助孩子找到一条正确与这个世界沟通的光明大道。

王老师的小秘籍

孩子说脏话屡教不改怎么办？

（1）要温和而坚定地告诉孩子说脏话是不好的习惯。当听到孩子说脏话时，不要大惊失色，而要采取恰当的措施。另外，我们可以将"不骂人"列入一天的行为要求中，如果孩子做到了，一定要表扬。这样坚持下去，就一定可以收到成效。

（2）我们需要净化孩子周围的语言环境。如果遇到有人有意教孩子说脏话时，我们一定要郑重警告他，否则再纯净的孩子也会被污染。

（3）我们要让孩子学会用适当的方式来表达自己的想法，引导并让孩子学会自我控制，逐步帮助孩子纠正说脏话的不良习惯。一旦发现孩子有不良情绪需要发泄时，父母可以帮助孩子选择适当的宣泄方法。

（4）对孩子明知故犯的行为要及时惩戒。当孩子总是故意说一些粗话脏话，并且父母多次警示和劝告都无济于事时，父母应立即采取一些措施来制止孩子的不良言行，使孩子能深刻地认识到说脏话会给自己带来不良后果，从而达到改正的目的。

1.3 社交礼仪是赢得尊重的"名片"

前段时间，一位朋友给我分享了一段"扎心"的经历。

有一次，她带着孩子外出吃饭，正赶上客流高峰，很多客人都是拼桌而坐。但奇怪的是，在他们用餐的那段时间，没有一个人选择和他们坐在一起。更令人尴尬的是，有时候孩子不小心弄出一些声音，她都能立刻感觉到周围人向她投来的那种谴责的目光，这些无声的疏离和敌意，都似乎传达出一种讯息：这边有个危险的"熊孩子"！

为此，朋友觉得非常委屈，自己的孩子也不"熊"啊，为什么要遭受这种冷眼呢？

其实，这事还真不能怪那些警惕的食客，毕竟，这些年大家都被有关"熊孩子"的段子弄怕了。

有一次，我应邀参加一位长辈的九十大寿，这位长辈的家人为了把寿宴办得隆重一些，请来了很多亲朋好友。本来是一件大喜事，却发生了令人意想不到的突发事件。

事件的起因是一位亲戚带来了一个五六岁的孩子：五六岁，正是精力充沛，对什么事情都强烈好奇的年纪。刚开始孩子活泼开朗，面对一群似乎熟悉却又很陌生的大人一点儿也不胆怯，在餐厅里跑来跑去，倒也为寿宴活跃了气氛。

可等到宴席一开始，大家却对这孩子连连撇嘴。

原来，餐厅经理十分细心地为老人准备了一把特殊的太师椅，以便老人在席间能更加舒服。中国人就餐的礼节不少，什么人坐在什么位置也是有讲究的。今天是老人九十岁诞辰，老寿星理应坐高处，可是这个小娃娃一见这把特殊的椅子，就直接飞奔过去，一屁股坐下就再也不肯让座了。他的妈妈赶紧上前劝说孩子："儿子，这是寿星的座位，咱们不能坐。"

孩子执拗地说："我就坐在这里！"

"乖，回头妈妈给你买一把一样的椅子，咱们随便坐，可今天这把椅子不能坐。"

孩子大声对妈妈怒喝道："不，我就要坐在这里。你要是再说，我就都不让你们坐。"

妈妈尴尬得头上微微渗出汗珠，表面上还是压着火气，苦口婆心地劝说儿子："你听话，妈妈回家给你买新玩具好不好，你要哪个就买哪个。"

可是这个"活宝"就是不肯照顾妈妈的面子，依然坚持自己的选择，甚至直呼妈妈的大名道："赵萧笑，你再说，我就把你轰出去，我必须坐在这里！"孩子当着在场近二十位亲友的面，毫无礼貌地喊出妈妈的名字。妈妈实在是控制不住了，举起手来就要打他，众人劝说才勉强稳住局面。

本以为坐下来就安然无事了，谁知热闹才刚刚开始。服务员每端上一道菜，这个孩子就立刻把菜转到自己面前；别人在夹菜，他旁若无人地

第一课
别让孩子输在不会表达上

转动转盘。夹菜的时候，他还会从椅子上站起来，用筷子肆意地在菜品里搅动，并大喊："我要吃这个！"

他妈妈觉得实在没面子，只得抱着孩子离开宴席。本来热闹喜庆的场面，最后变得尴尬无比。虽然人们在席间不便说什么，但心里都颇有微辞。

很多人可能会说，这个孩子真不懂事。但是，这真的是孩子的错吗？

这个世界上本没有"熊孩子"，只是许多家长不懂教育，才让路人"谈娃色变"。

归根结底，"熊孩子"不是生出来的，而是教出来的，孩子的这些行为，说到底还是要从大人身上找原因。

作为父母，吃饭的时候，如果孩子不懂礼节，我们必须明确地告诉他那样做是错的，并进行制止，在孩子还小的时候就引导孩子有礼有节地参加聚餐，让他们明白应当怎样做，而不能一味地纵容或者呵斥孩子。这虽然是一件小事，却是孩子内在修养的试金石。

只有家长先把孩子当成一个独立、完整的人去看待，才能让孩子在生活中体验到尊重和平等，这种体验对他的成长会大有裨益。而尊重是相互的，也是需要家长们靠自己的努力来换取的。

可能有的家长会说，不是自己不想管，而是孩子实在太不听话，说多少次都没用，所以干脆就放弃了。

对此，我想告诉各位父母，世界上根本就不存在说一次就听话的孩子。

孩子在饭桌上该说什么话，需要父母一次次地引导，让孩子从小接受良好的修养教育，了解吃饭中的礼仪，这样他们才会在与人交往的过程中受到他人的尊重。

王老师的小秘籍

父母应该教给孩子的四大用餐礼仪

（1）告诉孩子，学会分享才能有"好人缘"。

当孩子面对自己喜欢的食物，不顾及其他人，而是抱过来自己单独享受时，说明他不懂得分享，在日后与他人的相处中也可能难以形成一种健康的情感体验。

（2）不管是在吃饭还是在交流中，孩子毫不顾忌地用嚷的方式来表达自己的需要都是错误的，父母一定要及时制止。

试想，我们平时去餐厅的时候，也会对那些大声喧哗的人没什么好感，而且那样做会显得非常缺乏教养，只会引起别人的厌恶，所以不要让我们的孩子养成那样的坏习惯。

（3）在公共场合就餐，不要一次拿太多。

聚餐不是一个人的行为，如果一次取太多食物而又不能吃完，就造成了浪费，也难免会影响他人就餐。要告诉孩子，喜欢吃的食物要吃光了再取并且一次少取些。这不仅是一种良好的餐桌礼仪，也是一种需要教给孩子的素质和美德。

第一课
别让孩子输在不会表达上

（4）吃中餐时还有一项礼仪，那就是不要用自己的筷子在所有的菜里挑挑拣拣，那样对其他人很不尊重，也影响别人的食欲。如果孩子够不到自己想吃的食物，要教他有礼貌地跟人商量，请别人帮忙将菜传递过来，而不是大声嚷嚷指使别人。

1.4 微笑是一种阳光般和煦的表达力

微笑是一种表情,更是一种具有治愈功能的社交利器。

很多喜欢看日剧的人,可能都对剧中女演员的"微笑力量"印象深刻,不管在什么境遇下,她们脸上都会绽放出大大的笑容,让身为观众的我们感受到一种乐观的情绪。

其实,这倒不是演员们表演有多夸张,那只不过是一种日本独有的微笑文化。在他们看来,公共场合社交生活中,微笑是一种最友好、最有吸引力、最令人心情愉悦的面部表情。微笑着面对周围的人,不仅能展示出一个人良好的生活状态,更是个人对社会的义务。

为了能让孩子们从小拥有这种微笑的能力,很多日本幼儿园甚至将学会微笑当作孩子入学的必修课,而学习的重点就是让孩子们养成说话"笑眯眯"和说"谢谢"的好习惯。

虽然在生活中,我们并不是励志电影中的主角,但当你遇到一个难以解决的问题时,微笑却是破除坚冰、缓解僵局的有效武器,微笑的效果是立竿见影的。

儿子小的时候最喜欢玩儿乐高玩具,即使在睡觉的时候也会把没有拼

第一课
别让孩子输在不会表达上

完的材料放到枕边,还要特别叮嘱我:"妈妈,别给我收起来,好吗?我想做梦的时候继续拼。"

北京的夏天极其闷热。有一次,吃过晚饭,我带儿子到附近的商场溜达。他无意中发现商场里有一个摊位,里面的玩具可以随便玩儿,尤其是那里还有一张专供小朋友玩儿乐高玩具的桌子。儿子高兴坏了,每天都会拉着我,准时去商场"报到"。

一天,儿子打算拼一艘军舰,需要用大量的积木块,但当他拼到甲板的时候,发现长方形的积木块不够用了。他一转头,看到左侧的小朋友正好有一块,他二话不说,直接要从对方的手里"拿"过积木。而对方看到儿子的无理动作后,立刻把积木块紧紧地攥在手里。

儿子看到直接抢没有效果,就凶巴巴地跟对方说:"我要用,你给我!"那个小朋友也不甘示弱:"凭什么?就不给。"

"这是商场的,不是你的,给我!"儿子更强硬地说道。

"那也不是你的,我手里拿着,就是我可以用的。"那孩子生气地说。

这时,儿子放下手里还没有"完工"的大军舰,小手叉腰,说:"你自私!老师说过,小朋友不能自私。"没想到,他还能说出这样一句"大道理"。

"你还没礼貌呢!老师说没礼貌的孩子不是好孩子。"两个小娃娃用在学校学到的道理辩论起来。

为了避免"战争"升级,我赶紧把儿子拉到一旁,问道:"你觉得你做错了吗?"儿子冷静下来,点点头。

我问:"哪儿做错了?"

他噘着小嘴说:"没礼貌。"

"哪里没有礼貌了?"

"我不该直接抢他的积木。"儿子低着头说。

"你能认识自己的错误,真是一个好孩子。妈妈给你提点儿建议,可以吗?"我尽量用温和的语气跟他沟通。

儿子点点头。我继续说:"如果你刚才微笑着跟小朋友说:'请你给我这块积木用用,可以吗?'我相信小朋友一定会同意的,注意,一定要微笑呀。"

儿子想了想,点了点头,再次回到小朋友面前。只见他露出洁白的小牙,让脸部的微笑最大化,并且保持了好几秒才开口说:"小哥哥,你可以把这块积木借给我用一下吗,我想搭一个大军舰,是我昨天在电视上看到的。"

对方看着儿子脸上的微笑,紧张的肌肉放松了下来,小脸上也有了快乐的神情,爽快地说:"可以!我可以和你一起搭吗?我也想搭一个大军舰。"

"当然可以!"儿子也高兴起来。

每个人都会微笑,要做到微笑其实很容易——只要把嘴角向上扬15度,但不一定每个人都知道它代表什么。

一位心理学家说:"面带微笑说话的人比紧绷着脸说话的人,在经营、销售或教育等方面都更容易取得成就。"从表达的角度来说,微笑是一种"性价比"最高的社交工具。它不仅是一种表情,更蕴含着一种积极的情绪,这种情绪可以传递给周边的人,让自己更容易获得别人的认可。

第一课
别让孩子输在不会表达上

对家长来说，学会用微笑教育孩子，告诉孩子在说话时要保持微笑，遇到问题用微笑来解决，不仅对孩子的人生成长大有好处，还可以让自己常常收获意外惊喜。

儿子学会使用微笑的那天，整个晚上，两个孩子玩儿得其乐融融，开心极了。在回家的路上，我趁机问儿子："今天认识的小朋友，你喜欢吗？"

"喜欢，他搭的军舰大。"

"你太棒了，又交到了一个新朋友。是什么让其他小朋友愿意和你成为朋友的呢？"

"我向他笑了。"

"说得真好，没有人愿意跟凶巴巴的人成为朋友，更没有人会拒绝和有笑容的人交流，懂了吗？以后要先对别人微笑，然后再说出自己的需求，可以吗？"

"好的！"儿子也送给我一个大大的微笑。

如果你也想让自己的孩子变成一个更受欢迎的人，脸上总是挂着阳光般的微笑，在平时的生活中，不妨这样告诉孩子："和别人说话时，心里要想着开心的事。"只有内心的想法和行为保持一致时，我们绽放的微笑才是真诚的。

我们也可以与孩子一起玩儿照镜子游戏，引导孩子看看镜子中微笑的自己，告诉他："镜子里微笑的人就是你遇到的人。如果你对他微笑，他也会对你微笑。"让孩子经常做这个游戏，可以激发孩子对微笑的认知，时常保持微笑的神态。

陪孩子一起观察生活吧！因为生活才是最好的老师。我们要学习引导孩子从生活中找到微笑说话的人，让孩子真实地感受微笑说话的魅力，用微笑化解矛盾，获得认可，得到自己需要的帮助。

1.5 对长辈的尊重，也是孩子优秀的另一种体现

礼貌不是做做样子，礼貌是一种教养、一种习惯，更是一个人道德水平和社交能力的外在体现。

曾经有家长困惑地问过我："我为孩子付出了一切，但孩子却把一切都当成理所当然。虽然我并不是要孩子回报什么，但为什么孩子却没有一点儿感恩之心呢？"

这个问题让我想起了身边的一件小事。有一次，我和几个同事一起聚餐，席间一位小姑娘接到一个电话："……和你说过了，我今天有事……李桃同志你好烦呀……好了，好了，我知道了。"大家都用疑问的眼神望着她，她用不耐烦的语气说："我妈问我几点回家。"大家心照不宣地打着哈哈，试图化解尴尬的气氛。

一个简单的称呼折射出父母在孩子心中的位置，反映了孩子是否从心底尊重父母。这样的言语方式，虽然会拉近父母和孩子之间的距离，但如此丧失基本尊重的对话却很难建立起彼此享受的亲密关系。

随着人们育儿观念的进步，可能有的家长会觉得，现在都讲究平等教育，不能总端着家长架子，而要跟孩子交朋友。所以，孩子偶尔对父母

直呼其名也没什么大不了的,甚至那还是一种家庭民主的象征,不需要刻意纠正。

但是,试想一下,如果你的孩子说出"给我拿个桃子"(而不是"妈妈,请给我拿个桃子")、"张军给我读书"(而不是"爸爸,帮我读书")、"你快走开"(而不是"爷爷,请您给我点儿空间,和我保持一定的距离")、"赶紧骑车"(而不是"妈妈,请您骑车快一点儿");如果有一天,你的孩子在课堂上对着老师直呼其名,对长辈缺乏尊重,你身边的人开始委婉地向你表示,你的孩子没有礼貌,甚至对你的教养方式表示质疑……你真的还会觉得对长辈尊重这件事无关痛痒吗?

记得有一次,我在商场里坐电梯时,一个四岁左右的小男孩儿牵着奶奶的手走进了电梯。他的眼睛大大的,怀里抱着一只毛绒小狗,看起来又萌又可爱。

祖孙两人一边走,小男孩儿一边说:"今天我不去游泳了!"

"这我可不敢做主,要听你妈妈的。"奶奶回答。

"我说不去就不去,张鑫不敢让我去。"电梯里其他人对这孩子说话的语气都有些侧目,我看着那孩子,心里默默地猜想:这个"张鑫"是不是他的妈妈?

"你妈怎么说,我就怎么做。"奶奶依然坚持,眼睛却不敢看着孩子。

"哼,张鑫让我去,我就不去!"小男孩儿的语气变得有些激动,正说着,电梯到了他们要去的楼层,祖孙俩下去了。

电梯里的人都不由自主地叹了一口气,微微摇着头。

第一课
别让孩子输在不会表达上

看得出来，如此讲话的孩子，就算长得再可爱，似乎也没有几个人会喜欢。

如果你的孩子真的有上述言行，我认为是时候该跟他大声地说"不"了。

拿上边的例子来说，孩子在和长辈说话的时候，我们必须要求他用上尊称——您、姥姥、姥爷、妈妈、爸爸、爷爷、奶奶、叔叔、阿姨、姑姑、姐姐，等等。因为人们在使用尊称的时候，内心会油然而生一种敬意，被尊称的人也会因此被唤起一种责任感。

英国哲学家约翰·洛克说："礼貌是儿童与青年所应该特别小心地养成习惯的第一件大事。"我们不要求孩子将父母的话奉为圣旨，但是从孩子口中得到最基本的尊重还是必须要有的。

一个从小懂礼貌的孩子，会在社会交往中得到更多的关注和喜爱，交到更多的朋友，获得更多表达自己的机会。随着时间的推移，这种礼貌会内化成他们生命的一部分，体现在一个人身上就是良好的个人修养和高尚的品行，不管是待人接物，还是人际交往方面，都会成为一种隐形的优势。

人们常说"知书达理"，但"知书"不一定能"达礼"。育儿路上无小事，人与人之间的差别，就是通过这些看上去很小的细节高下立判。

希望父母们在关注孩子学习成绩的同时，也为他们补上礼貌教育这一课，这是父母能给孩子的、让他们受用一生的宝藏，更是他们行走于这个社会时一张重要的通行证。

王老师的小秘籍

孩子说话"没大没小"怎么办？

如果孩子跟长辈说话时不带尊称，可以告诉他以下几句话：

（1）和父母说话带上尊敬的称呼，是有教养的表现。

（2）你能记住爸爸妈妈的名字，说明你很聪明，但我们更加喜欢被你叫"爸爸妈妈"的感觉，并且爸爸妈妈相信你一定可以记住"您"这个简单的词语。

（3）习惯的养成需要时间，虽然不指望你明天就能全部改掉坏习惯，但我相信你会一直努力说礼貌的话语。

1.6 说话有"度",才能共享快乐

对很多新手父母来说,第一次听到孩子口中叫出"爸爸""妈妈",恐怕是人生中最幸福的时刻之一。然而,随着孩子的心智逐渐成熟,那个牙牙学语的婴儿一转眼变得伶牙俐齿,时不时口中还能蹦出一两个金句:有时候童言无忌,让人忍俊不禁;有时候却口无遮拦,让大人伤透脑筋。

一位朋友在过年期间就遭遇了这样一件尴尬事:

大年初一,她带着孩子一起去给长辈们拜年。老人看见孩子非常喜欢,赶紧发红包。老人一边发一边逗孩子:"现在爷爷给你发红包,等你长大了,会不会给爷爷发红包呀?"没想到孩子大声说了一句:"等我长大了,你都死了,我怎么给你发红包呀!"

好好的一个新春佳节,因为孩子的一句话,大家心里都不舒服。

其实,这个年龄段的孩子屡屡说出这样"不合时宜"的句子是一种非常正常的现象。这恰恰说明,他们驾驭语言的能力在不断提升,对语言的表达与模仿能力也在不断增长,这本身是一件好事。

然而,虽说童言无忌,但作为父母,却不能以此为替自己开脱的理由。有时候,孩子的天真和单纯需要父母的教育和引导,否则,孩子不当的

言语不仅是礼貌教育缺失导致的，更是缺乏家教的表现。

我家儿子上小学的时候，有一次邀请同学到家里做客，四个小朋友一会儿吃，一会儿玩儿，开心得不得了，儿子作为主人更是兴高采烈。这时，一个胖胖的小男孩儿对我家儿子说："我知道你的一个秘密！"儿子和其他两位同学都是一脸困惑，有一个孩子着急地问："是什么秘密？快说呀！"儿子也用期盼的眼神看着他。

"你语文得了100分！我帮老师拿卷子的时候看到的，你不知道吧？"儿子被他这么当众表扬，不好意思地脸都红了。

"我也知道一个你的秘密！"另外一个皮肤略黑的小朋友，故意停顿了很长时间才接着说，"你放屁很臭！我在你后边经常被你熏得快呛死了。"这回儿子的脸更红了，恨不得找个地缝钻进去。

"我也知道一个你的秘密！"最后一个小朋友也忍不住站起来，故意压低声音对大家说，"他每次抠完鼻孔都会放进嘴里。"

儿子顿时站了起来，大声说："你胡说！我没有！"而这个说话的孩子，还以为自己在讲笑话，已经笑得喘不过气来了，根本没有发现儿子激愤的神情。

这时儿子的脸一阵红、一阵白。那个小朋友似乎还不够尽兴，又大声喊道："我还知道一个秘密！"另一个也高声喊着："我也知道，我也知道一个秘密！"最后一个起哄道："我也知道一个秘密！"儿子小拳头攥得紧紧的，憋了又憋，最后终于喊出来："你们不是我的朋友，请马上离开我家！"

第一课
别让孩子输在不会表达上

屋子里顿时一片寂静，孩子们陷入沉默的尴尬之中。

其实，我们大人都可以理解，孩子们的这些言语和行为并不是恶意的。

也许第一个小朋友只是觉得有趣，才用讲述秘密的方式激发孩子们倾听的兴趣，活跃一下气氛，让大家玩儿得更加开心，所选的事情也是儿子的优点。尽管儿子脸红了，但也是开心的。可是第二个孩子，虽然用了同样的方法，却选择了儿子的缺点，让他很尴尬，这时他脸红是难为情。而第三个孩子，没有观察儿子表情的变化，就选了他的另一个缺点，这是火上浇油，更加激怒了儿子。

最后，几个孩子被"快乐"冲昏了头脑，没有人换位思考儿子此时的心理感受，大家都沉浸在自己"好玩儿"的情绪中，最终儿子被推到了愤怒的顶点。

儿子愤怒不是因为他肚量太小，禁不起别人开玩笑，而是因为其他孩子的玩笑已经明显地伤害了他的自尊心。他们的语言带有侮辱性，已经不再是幽默了。

作为父母，我们在遇到这种情况时，不能一味地加以禁止，扼杀掉孩子们对这个世界的好奇和表达的欲望，而要学会合理地对他们进行引导，通过对孩子进行语言或词汇方面的训练，培养孩子的表达能力，促进他们语言及智力的发育。

最重要的是，我们需要在孩子还小时就告诉他们，说话要有"度"，在进行人际交往的时候要掌握合适的分寸。否则，一些看似"无忌"的言语会给别人带来伤害，甚至铸成大错。

王老师的小秘籍

让孩子"言语有度"的三大基本原则：

（1）不能把别人的弱点当成笑料。每个人都有弱点，当面对自己的弱点时，人的自尊心是最敏感的，是不可触碰的。所以人们彼此间开玩笑是可以的，但不能把别人的弱点当成笑料。

（2）不能说带有侮辱性的语言。幽默是有度的，适宜的幽默可以锦上添花，否则就会适得其反。所以无论在任何情况下，带有侮辱意味的幽默都是负面的，是没有价值甚至是有害的。

（3）教会孩子点到为止。即使彼此再熟悉，也要给对方留有余地，正所谓"话留三分"。我们说话要学会点到即止。

1.7　要会"说",更要会"听"

一提到表达,人们首先想到的就是"如何说"的问题,仿佛只要孩子敢开口、敢说话,就具备良好的社交能力。但事实并非如此。

在我曾经带过的一个班里,有几个孩子特别活跃。有时候我上课提问,问题还没有说完,他们有的就高高地举着手说"我会,我会"。等到叫他回答的时候,却一个字都回答不上来。如果叫其他同学回答问题,他们要么在下面说悄悄话,要么插嘴给其他回答问题的同学捣乱,让人伤透脑筋。

一次偶然的机会,我跟他们的父母聊起了这个话题。没想到,父母们异常惊讶,纷纷表示没想到孩子在学校这么活跃,在家可不是这样,尤其是沉浸在电视或玩具中的时候,无论谁跟他说话,他都不会回应。这些家长言语之间竟然还有一丝欣慰。

然而,我却觉得,孩子在家和在学校这两种截然相反的表现恰恰说明了同一个问题——他们没有掌握正确的倾听习惯。

一般来说,培养幼儿的倾听能力,需要让他们掌握三种倾听技能:首先是专注性倾听,就是孩子可以集中注意力倾听,不做小动作;其次是辨析性倾听，就是孩子可以对听到的内容进行分辨；最后是理解性倾听，孩子能掌握主要内容、连接上下文意思地倾听，包括可以正确回答问题、执行指令等。

在正常的社会交往中，所谓交往，就是你来我往。一个人除了要善于表达，还要学会倾听。尤其是对正在尝试与这个世界建立连接的孩子们来说，他们正处于语言发展的关键阶段，养成良好的倾听习惯，不仅是孩子形成表达能力的一项基本功，还可以帮助他们接收、识别、分析外部信息，更好地理解老师和家长的意思。具备这项基本功的孩子学习知识会比不会倾听的孩子快很多。因为，在正常的人际交往中，人与人传递信息的方式不是"说话"，而是"对话"。说话很简单，只要把自己想表达的信息组织起来并表达出去就可以了，而对话则需要观察对方的情绪和反应，使交流顺畅地进行下去。

不过，与表达相比，倾听其实是一种更主动的行为，需要孩子具备更高的理解能力和自控力，否则让一个精力充沛的孩子静静听人说话，可是要比登天还难。

为了管理好班里这几个"捣蛋鬼"，我通过跟他们的家长多次沟通，制订出一套周密的"改造"计划。

首先需要改变的是家长的态度。现在很多幼儿和小学中低年级的孩子之所以没有养成好的倾听习惯，很大程度上是因为家长的疏忽。

不少家长认为，听嘛，有耳朵就能听，没必要特别培养。平时在生活中遇到孩子不专心倾听的时候，他们要么大声斥责，让孩子失去倾听的

第一课
别让孩子输在不会表达上

兴趣；要么置之不理，让孩子觉得听别人说话不重要，从而养成不听也不回应的习惯。

其实，对于倾听能力较差的孩子来说，他们在交流的过程中，注意力弱，捕捉信息的能力也不强，对别人的尊重意识不够。所以父母需要常常提醒孩子，要学会等待，给别人一点儿时间，让他们把话说完。只有相互尊重的交谈，才是最有时效又令人愉悦的谈话。

我们可以告诉孩子，在与人交谈时要先专心听，再找到说话的恰当时机。"专心"里有一个"心"字，而俗话说"眼睛是心灵的窗户"，所以专心地听，就是要用眼睛专注地看着对方，保持恰当的神情去听。

其次，在教导孩子学会倾听的同时，也要教给他们倾听的方法。

我们可以告诉孩子，在听别人讲话的过程中，不要随便插话，不要东张西望；不管你是否爱听，都要等对方把话讲完再发表自己的看法，同时也要给对方一些回应。

当别人说话的时候，听者可以用表情来回应。比如高兴的时候我们可以笑，失望的时候我们一同忧伤。我们还可以适当地使用肢体语言，比如点头、皱眉等，这些都是在向说话者传达你在认真倾听的信号。在适当的时候还可以使用一些象声词或疑问词，以更好地回应说话者，显示出对说话者的尊重。即使在对方说话的时候发现了错误，也要尽量耐心地先听完，而不要急着去纠正（那是对别人不尊重的表现）。

不管我们给孩子讲什么道理，行动都是最好的教育。家长们一定要牢记：想让孩子做到的，自己一定要以身作则。

如果你想让孩子成为一个懂得倾听的人，首先自己一定要做到。家长平时不要总说："大人说话，小孩儿别插嘴。"更好的方式是蹲下来与孩子的视线保持平齐，让孩子感受到自己说的话受到了大人的重视，从而在潜移默化中养成倾听的习惯。

除此以外，在平时的生活中，我们还可以利用亲子阅读来培养孩子的倾听能力。家长给孩子讲故事的时候，可以利用声情并茂的语气吸引孩子有意识地倾听，并鼓励孩子在故事讲完之后，对刚才听到的故事进行思考，有意识地提高孩子在倾听方面的专注度和理解力。

按照以上方法，一段时间下来，家长们的付出和努力终于有了回报，班里这几个活跃分子在课堂上安静了很多。任课老师都纷纷反映，这些孩子长大了，懂事了。为了巩固家长们努力的成果，我适时在班里对他们的进步给予了充分的肯定和奖励，以此激发他们倾听的兴趣，效果立竿见影。

如果说眼睛是心灵的窗户，那耳朵就是通往心灵的道路。从小在孩子心里留下善于倾听的种子，这种子在以后的岁月中会生根发芽，在沟通中获得丰富的营养，得以茁壮成长。

1.8　感谢比命令更能打动人心

很多父母有了孩子以后总是顾虑重重，怕自己的教育方式不对，影响孩子的人格。他们一会儿叮嘱自己千万不要用命令的语气对孩子说话，以免影响孩子的情商和智商；一会儿又考虑千万不能大声和孩子说话，以免给孩子造成心理阴影。

父母对自己有如此多的束缚，但他们有没有认真想过孩子平时是怎么对自己说话的？

我在与孩子接触的过程中听到过这样的话："把杯子给我，我渴了！""你给我拿着书包，我累！""别炒西红柿，太酸！""你把这个玩具给我！"这样命令式的说话方式，在我们身边并不少见，一些父母甚至都习以为常了，觉得孩子和父母这样说话是良好亲子关系的象征。甚至有的父母还觉得，只要孩子开口说话，就比不搭理自己好；还有的父母认为，能够满足孩子的要求是做父母的福气，他们有一种被需要的存在感。

我有一个同事，其女儿最近刚刚结婚，工作就是在家里做"少奶奶"。每天快下班的时候，我的这个同事就会收到女儿发来的信息："今天买两个苹果、四个猕猴桃、三个橙子。"她如同接到圣旨一样，下班就乐呵呵地先去超市购买水果，再给女儿送到家去。

虽然这件事听上去让人有些不舒服，但在我们的生活中，很多父母都和我的这位同事一样，习惯了被孩子呼来唤去，甚至以此为傲。无论是父母还是孩子，都已经习惯了这种不正常的语言表达方式。

之所以出现这样的现象，主要有以下几方面原因。

第一，我们的教育理念出现了偏差。

在很多父母眼里，孩子是他们的私有财产，而孩子也觉得父母为自己做的任何事情都是天经地义的。对父母而言，"爱孩子没商量"；对子女而言，支使父母是"你情我愿不用白不用"。这种畸形的教育观和亲情观，让孩子和父母都随意地说话而不觉得有任何问题。但父母实在应该静下心来想一想：我们要培养什么样的孩子？教育的随意性、无原则会让孩子像灌木一样肆意地生长。如果孩子的要求在父母的可接受范围内，孩子会继续肆意生长。但如果孩子的要求触碰了父母的底线，父母就会爆发，随意地砍下某些枝丫；等过几天大家疗好了伤，孩子再继续肆意生长。试想，在这种情况下，即使孩子有什么不正常的举动，也不会引起父母的重视。时间长了，孩子就逐渐成了"小霸王"。

第二，孩子在家里特殊的地位造成了畸形的亲子关系。

在中国人传统的思想中，孩子是各自家族血脉传承的载体，有孩子，家庭就有希望，所以全身心呵护孩子的成长是一个家长的使命。所以孩子自诞生之日起，就成了一家人关注的焦点，甚至成为父母生活的动力和生命中唯一的牵挂。孩子在家中的地位特殊，他们为所欲为、吆五喝六，

第一课
别让孩子输在不会表达上

而父母只有唯命是从、卑躬屈膝。

第三，孩子的年龄特点使父母觉得可以包容他们的一切。

父母总是觉得，孩子还小，还不懂事，大了就都明白了……类似这样为孩子开脱的借口有一堆。结果父母不断地包容他们的错误，这些错误就包括对父母不尊重和用下命令的方式对父母说话。

对此，我只能说，正是这些父母造成了孩子不健全的人格，这些父母一手把自己的亲骨肉变成众人仇视的对象，变成没有情商的"机器人"。因而，一旦孩子用命令的口气开始与家人说话时，父母一定要温和而坚定地告诉他"不可以"！

无论是说话显得不耐烦、命令口吻，还是说话时用反问的语气，其背后的根源都是不懂得如何尊重别人。孩子小的时候这样说话，大人可能不会计较，但如果养成了习惯，长大以后和朋友、同事、领导也这样说话，则会被人认为没有良好的教养。

我常常想：如果我的孩子如此跟我说话，我会怎么做呢？

第一，我会告诉她，在短信里要写上称呼"妈妈"，这是对我最基本的尊敬；第二，我会让她说明为什么她要让我去买东西，而不是自己去买，因为她已经成年了，这是一件成人能够完成的事情；第三，我会提醒她今后合理安排自己的时间，自己的事情自己做。

不管在什么场合，用命令的语气对人说话，总会给人一种压迫感，似乎说话者高人一等。如果是领导对下属用命令的语气，勉强还能让人接受，但如果是朋友之间或者孩子对大人用这种语气，相信没人会喜欢。

因此，如果遇到孩子用命令的语气说话时，父母可以引导孩子这样说："妈妈，书包有点儿沉，你可以帮我一下吗？""妈妈，今天可以不炒西红柿了吗？太酸了。"要及时告诉孩子：要尊重他人，必须学习用尊重和商量的语气说话。

学会用尊重的语气交流，是为人处世之道，也是中国传统文化的根基，更是孩子学习做人做事的开始。

王老师的小秘籍

面对孩子的"命令"，父母应该怎样做？

（1）做孩子的好榜样。"父母是孩子的第一任老师"，父母怎么做，孩子势必怎么学。在一个家庭中，如果父母相敬如宾，孩子就能学会以礼仪为先。反之，父亲或者母亲习惯用命令的口吻说话，孩子就会效仿，最终会转化为自己的用语习惯。所以，父母之间要注意避免用命令的口气说话，以免造成孩子只会命令、不会商量和请求的低情商语言表达方式。

（2）尊敬他人是开口说话的前提。除了做好率先垂范的身教，还要把握住言传。如果在孩子犯错之前，就告诉孩子和长辈说话要说"请"，和爸爸妈妈交流要懂"节"，和别人相处要有"礼"，告诉孩子商量的口气比命令的口气更能够帮助我们得到我们所需要的，孩子就可以少走和不走弯路。

第一课
别让孩子输在不会表达上

（3）面对孩子错误的说话语气，我们需要向孩子讲清道理。从孩子的心理特点出发，父母越禁止、越不允许，他们就会越好奇，越想尝试。父母经常对孩子瞪眼睛、大声斥责，孩子就会想去体验、去故技重施。面对这样的情况，父母要蹲下身子，用生动的例子跟孩子讲明道理，让他们能够在恰当的情境里接受批评，让他们能够信服并改正错误。

（4）面对孩子命令的语气，我们要向孩子直接指出那样说话是错误的，并让他们有改进的空间。不让孩子用命令的口气说话，一方面是因为那样不利于孩子良好情商的养成，另一方面可以从小教育孩子懂得尊重和孝道。如果孩子存在命令的说话方式，父母要直接告诉他："这是不尊重人的表现。"

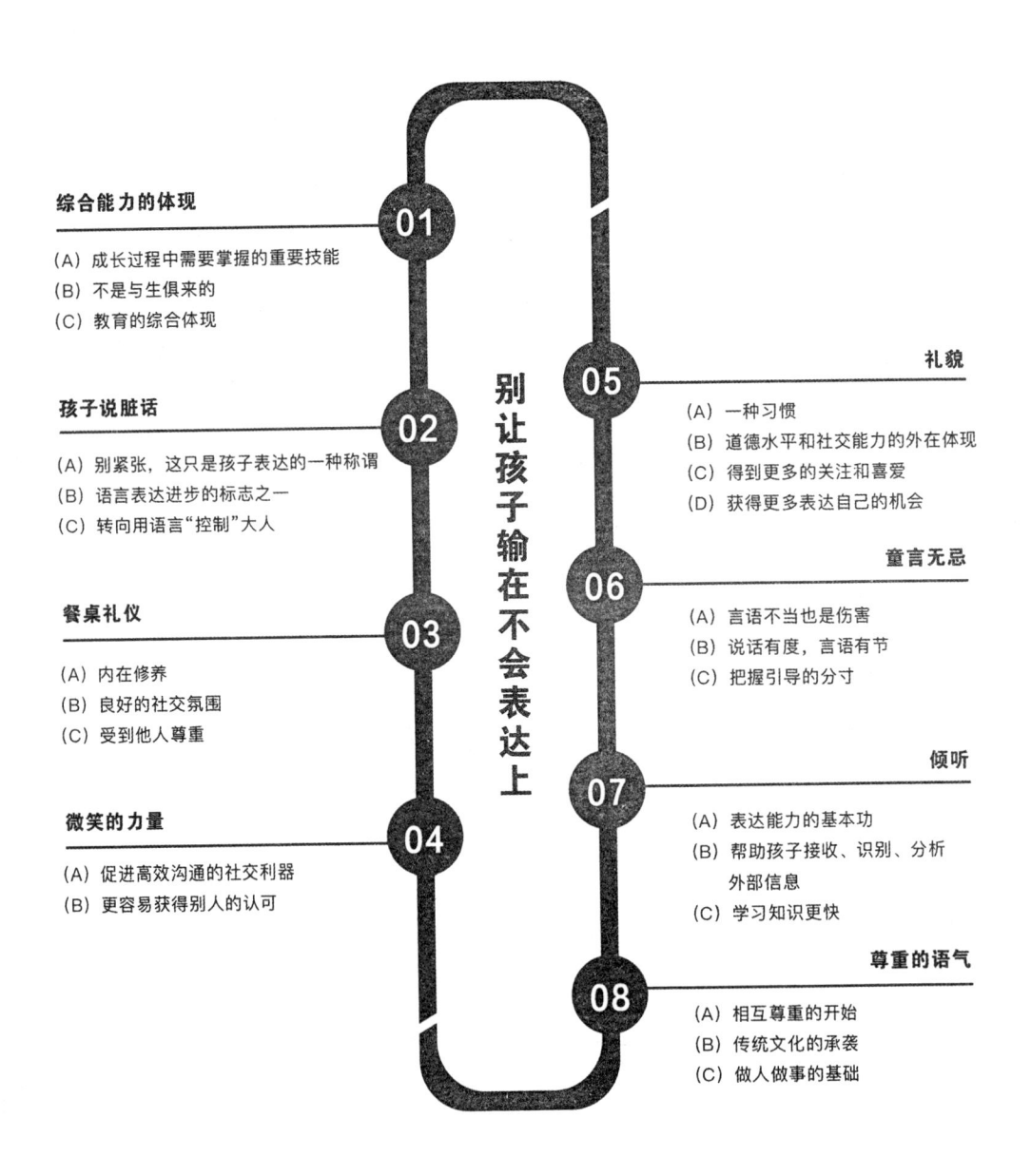

第一课
别让孩子输在不会表达上

综合能力的体现
- (A) 成长过程中需要掌握的重要技能
- (B) 不是与生俱来的
- (C) 教育的综合体现

孩子说脏话
- (A) 别紧张，这只是孩子表达的一种称谓
- (B) 语言表达进步的标志之一
- (C) 转向用语言"控制"大人

餐桌礼仪
- (A) 内在修养
- (B) 良好的社交氛围
- (C) 受到他人尊重

微笑的力量
- (A) 促进高效沟通的社交利器
- (B) 更容易获得别人的认可

别让孩子输在不会表达上

礼貌
- (A) 一种习惯
- (B) 道德水平和社交能力的外在体现
- (C) 得到更多的关注和喜爱
- (D) 获得更多表达自己的机会

童言无忌
- (A) 言语不当也是伤害
- (B) 说话有度，言语有节
- (C) 把握引导的分寸

倾听
- (A) 表达能力的基本功
- (B) 帮助孩子接收、识别、分析外部信息
- (C) 学习知识更快

尊重的语气
- (A) 相互尊重的开始
- (B) 传统文化的承袭
- (C) 做人做事的基础

第二课

打开孩子
心门的七个小技巧

2.1 什么年龄说什么样的话

记得我刚上大学的时候,老师问:"同学们,你们觉得人是学习的时候好,还是工作的时候好?"当时班上所有的学生都说:"学习累死了,当然是工作的时候好。"但是年过五十的老师却说:"你们错了,今天永远比明天好,今天你们遇到的烦恼肯定比明天少,你们过去的是童年,是少年,只有无忧和快乐;未来是青春,是成年,拥有的是责任、担当。你们要记住,世界上最简单的事情就是学习,工作远比学习辛苦得多。"

现在的我,非常认可老师的观点:童年是童真的世界,拥有的是最纯粹的快乐。

可是,如今的孩子们,从小生活在物质文化十分充裕的时代,一两岁的孩子话都不怎么会说,先学会了玩儿智能手机。我们打开电视,尽管是儿童频道,说话内容、语言模式却再也不是"孙敬修爷爷讲故事",取而代之的是商业化、成人化的节目。大街上装扮成玩偶的人,第一句话是:"小朋友,我是大棕熊。"紧接着的第二句是:"办卡有优惠!""吃饭打九折!"……孩子语言发展的空间和环境萎缩得可怜,所以我们可以听到很多小朋友一张嘴就是一口半生不熟的成人用语。

第二课
打开孩子心门的七个小技巧

记得有一次去朋友家吃饭,一进门就看见她家6岁的女儿正坐在沙发上看电视。我刚一坐下,她就兴致勃勃地给我介绍起来,还指着电视里一个长相俊美的男演员说:"这个小哥哥真帅!"

朋友听见后,对我一撇嘴,说:"现在的小孩儿真了不得,当年咱们像她这么大的时候,懂什么呀?"

不可否认,随着网络技术的普及,孩子们接触的信息越来越多,语言表达能力和自我意识都较以前有了质的飞跃。然而,虽然孩子的眼界宽广了,他们的大脑却并没有同步发育,他们不仅对信息没有足够的辨别能力,更不知道哪些是对的、哪些是错的,久而久之,一些负面信息就会侵蚀他们的童真。

我家隔壁有一家小报摊,摊主是一对夫妇。他家的女儿雯雯与我家孩子的年龄相仿,久而久之就相互认识了。

因为报摊的营业时间很长,雯雯放学后,大部分时间都是与父母一起在报摊度过的。听她妈妈讲,报摊的业务很多,除了卖报卖书,还卖饮料和提供打公共电话、给自行车打气等服务项目,所以报摊每天都是人来人往,雯雯耳濡目染,从一岁起就会奶声奶气地说"卖报",一家人都很惊讶。

有一天,儿子和雯雯一起玩儿跳棋。儿子的技术高些,暂时领先,便眉飞色舞地向小姐姐炫耀。雯雯不高兴地说:"拽什么拽?不就是比我多走两步吗?"弟弟好奇地问小姐姐:"什么叫'拽什么拽'?"雯雯说:"我在报摊听人打电话的时候经常这么说。"儿子似懂非懂地点点头,走了一步之后，也学着雯雯的话说："你拽什么拽，快走！"两个小朋友一边说，一边哈哈大笑，笑得停不下来。雯雯又说："你就喷粪吧，这是什么玩意儿！"儿子又问小姐姐："什么叫'喷粪'？"

她的妈妈听到他俩的对话，赶紧阻止："你们俩不许这么说话，不好听！"

雯雯莫名其妙地问妈妈："可是我听到很多人打电话的时候都这么说，难道他们说的都是不好听的话？"

"是的，至少不是你们小孩子该说的话，小孩子要说书本上的话。"妈妈态度严肃地说。

"那是不是'混蛋''装蒜'也不能说？"雯雯问妈妈。

妈妈简直要崩溃了，孩子到底从哪里学来的这些语言？她态度坚决地说："是！绝对不能说。"

"好奇怪，我二叔天天在家里这么和朋友说话呀，爷爷奶奶也没有说不可以。"雯雯疑惑不解地问。

她的妈妈也不知道该怎么给孩子解释，尴尬地看了我一眼，只能用命令的语气告诉他们："这些是大人的话，你们还不懂什么意思，所以不能说。"

从语言表达方面来说，孩子是天生的模仿者，尤其是两三岁以后，更是儿童语言学习的快速发展时期。在这期间，如果孩子接触到一些成人的环境，就会学会一些成人的语言，这是孩子进入成人社会的必经之路。

面对孩子这种成人化的表达方式，家长们的反应也分成了截然不同的两派：有的家长在发现孩子说了不该说的话时，会如临大敌，认为孩子"学坏了"，赶紧予以阻止；有的家听见孩子说出大人话，反而觉得很有意思，

第二课
打开孩子心门的七个小技巧

逢人还会炫耀一下:"我家孩子说话跟个小大人儿似的!"

这两种反应,其实都不是正确的处理方式。

孩子模仿成人说话,很多时候就是单纯觉得好玩儿,本身并没有意识去主动学习。如果家长拿这种行为去炫耀,对孩子就是一种变相的鼓励,孩子很可能会为了再次获得表扬而有意识地模仿,哪怕他根本不懂自己所说的词语代表什么意思。

孩子出现这样的表达方式,一味地呵斥也是不对的。当我们发现孩子说了不该说的话时,一定要反思、追踪来源,而不是威胁孩子:"不许说!"因为他们不是故意的,仅仅是简单地模仿而已,需要批评和教育的是我们自己。

作为孩子在这个社会上的第一位引领者,我们不能把他们隔绝在这个世界之外,而要有选择地为他们提供清洁、健康的语言环境,根据不同年龄段的需求教给孩子适合的东西。

我们都听过"孟母三迁"的故事,然而,对于现代人来说,教育早已不是择良地而栖那么简单,现在的父母要做到的是"言语三省"。只有我们足够警醒,孩子才能学会用正确的方式向世界发出自己的声音。

2.2 永远不要强迫孩子说话

很多人小时候都有过这样的经历：每逢过年过节亲戚们团聚的时候，都会有一个保留节目，就是让在场的孩子为大家表演节目。有的孩子性格外向，愿意向大家展示自己，但对于性格内向的孩子来说，这种场合不亚于一场灾难。

有些人甚至在长大之后还对这种场合深恶痛绝，只要是在公共场合讲话就会手心出汗，内心充满拘束和恐惧，留下了永远难以抹去的心理阴影。

平时走在路上，我经常能碰见认识的家长和孩子。比较熟悉的孩子见到我都会主动打招呼，但有些平时不太熟悉又性格内向的孩子就比较腼腆，经常躲在妈妈背后不敢看我。每当这个时候，家长常常会表现出非常嫌弃的样子说："你这个孩子怎么回事，太不懂礼貌了！"或者说："你看你这没出息的样子……"然而，父母逼得越急，孩子的脑袋就低得越低。

我可以理解这些父母的心情，每个家长都希望自己的孩子开朗外向、热情大方，获得老师和朋友的喜欢，所以，为了培养孩子交流表达的能力，一有机会就会强迫孩子与陌生人说话，甚至当众表演节目，美其名曰"锻炼"。

第二课
打开孩子心门的七个小技巧

但是，每次听到家长这样对孩子说话，看到那些孩子眼泪汪汪的眼神，我的内心都会觉得非常不忍。

诚然，礼貌是一种教养的象征，但孩子说话有早有晚、有多有少、有长有短，各个孩子发育程度不同、性格不同，该说的时候他们自然就会说了，父母可以引导，但绝对不要去强迫他们，否则只会起反作用。

有一次，我在饭店吃东西，旁边桌一对母女估计刚在附近上完辅导课，桌上除了食物残渣，还摆满了孩子的书本、作业本。孩子低头写着作业，妈妈把头探到孩子面前，似乎在帮她检查作业。此时，妈妈发现了一个错误，轻声对孩子说着什么。孩子停住笔，听着妈妈的训话；可能孩子没听明白，一脸茫然，妈妈的声音顿时提高了很多。

妈妈说："你这个图画得不对，是谁的三分之一？"

孩子呆呆地看着书本。

"问你呢，是谁的？"妈妈拿起笔似乎在书上画了一道。

孩子依然没出声。

"是谁的？你要是不知道，就直接告诉我，别不吭声。"妈妈急得声音又高了一些。

孩子动了动嘴，依然没有发出声音。

"我怎么生了这么个你？你倒是说呀，是谁的呀？"妈妈的声音里夹杂着愤怒，但依然没放弃追问，"这句话说了，上午运走的是下午的三分之一，所以……"

"你能不能说话呀？你总是不说话，我也不知道你哪里不懂呀，你都快把我急死了！"妈妈的忍耐似乎到了极点。

....

生活中，我们常常可以见到这样的场景：

刚刚接到孩子的妈妈很开心地问孩子："今天学习怎么样呀？"如果连问了三句孩子都不回答，妈妈就会停下来责令孩子回答；每次孩子读完故事，父母总喜欢问问孩子："你看懂了什么，讲一讲呀。"如果孩子不讲，父母就认为孩子没有认真看；周末父母问孩子想去哪里，孩子知道即便自己回答了，也还是父母做主，所以就避而不答。

我们的孩子为什么不爱表达？理由也许有千万种。比如孩子害怕，没想好，没把握，或者他就是不想说而已。如果孩子一时半会儿不想说话，而父母硬逼着他"完成任务"，只会让孩子产生负面情绪，害怕和紧张，更加失去对表达的兴趣，结果就变得越来越沉默，反而不利于其语言的发展。

我们不妨冷静下来思考一下：父母为什么非要让孩子回答呢？我们每个人不都是自己语言的驾驭者吗？为什么孩子就不能掌控自己的语言呢？

作为父母，我们可以教给孩子正确认识世界、与世界沟通的渠道，但不要刻意改变孩子的性格。例如，我在前面提到过，有些孩子不爱跟人打招呼，遇到这种情况，家长可以给孩子多几种选择，譬如可以让他们用微笑、挥手、击掌等来代替说话，一步一步消除他们的紧张心理，这比一味逼迫孩子"就范"效果要好得多。

要知道，每个小朋友都有自己的特点，外向有外向的优点，内向有内向的可爱。有的孩子刚开始接触的时候有点儿慢热，熟悉之后也可以慢慢和小朋友打成一片。

所以，各位心焦的家长，不妨对孩子多一点儿耐心，和他们多一点儿沟通，给他们多一点儿时间，等一等，等到一个好的时机，等孩子愿意开口的时候，他自然就会说了。父母要学会等待，这样才会收获未来。

2.3 允许孩子勇敢说出那些你不想听的话

平时跟家长们聚在一起，总能听见妈妈们在聊天的时候说："孩子还是小时候可爱啊，现在人大主意大，越来越不好管了。"

身为父母，你是不是也常有这种挫败感？

我们总觉得孩子还小，对孩子表达的那些幼稚的想法总是嗤之以鼻。殊不知，如果父母总是不让孩子表达自己的意见，结果只会导致一件事，那就是孩子变得越来越沉默。

我在教育孩子方面也曾经历过这样的阶段。那个时候，孩子刚上小学。有一次，他向爸爸提出想在过生日的时候去游乐园玩儿。那段时间我们都很忙，他爸爸就随口敷衍道："好好好，如果你下次能考到'双百'，我就带你去。"

孩子兴高采烈地答应了。有一天晚上吃饭的时候，儿子神神秘秘地掏出一张卷子，骄傲地说："我这次考试得了'双百'，老师还表扬我了！"然后用充满期待的眼神看着爸爸，爸爸被盯着，觉得奇怪，于是说："儿子真棒，明天过生日带你去吃好吃的。"

"我不要什么好吃的，爸爸，你不是答应过我，要带我去游乐园玩儿

第二课
打开孩子心门的七个小技巧

吗？"儿子语气中略带埋怨，听上去有些不高兴。

"哎呀，我给忘了，可是明天我要加班，咱们改天再去吧！"

"不行，不行，你都答应我了，你不能说话不算话。"儿子的声音大了起来，带着一丝哭腔。

"我又没说不带你去，就是改个时间，不要再闹了。"

"你说话不算话，你说要明天去就是明天去，否则我再也不听你的话了！"

"没时间就是没时间，你这孩子怎么这么不懂事，赶快去睡觉！"

儿子见爸爸真的发火了，也不敢再说什么，垂头丧气地离开了。

第二天一早，为了弥补孩子受伤的心灵，我给他准备了丰盛的早餐。没想到，他吃了几口就不吃了。爸爸见他好像还在赌气，心里也有点儿不快，便督促他说："你不能总吃肉，要吃蔬菜。"

儿子一扭头，说："蔬菜太难吃了，我只想吃肉。"

"这样不行，会生病。"

"不吃蔬菜就会生病吗？那狮子、老虎只吃肉不吃草，它们怎么不生病？"

"因为我们不是动物，我们是普通的人，我们就要按照大家都遵循的法则，吃蔬菜、水果，补充蛋白质。"

"我就喜欢吃肉，我吃不下蔬菜。"

"你这是什么态度，吃不下也要吃。"

一旦听到此种带有命令口吻的话语，儿子就再也不吭声了。

电影《小偷家族》里的奶奶扮演者树木希林接受采访时被问到："您想对年轻人说些什么？"奶奶酷酷地回答："我要是年轻人，才不爱听老

049

年人的话呢！"

其实，孩子与大人一样，也会有自己的想法。即使是一至三岁，语言功能还没有完全发育成熟的幼儿，一旦与大人的意见相左，也会说出"不好""不要"等否定的话语，甚至会通过哭泣、打人、摔东西等动作来表达自己的想法。而随着思维和语言能力的日益增强，孩子难免就会出现逆反、顶嘴的情况。

很多家长之所以觉得孩子叛逆，并横加制止，很大一个原因是孩子说出的否定的话让家长觉得没面子，动摇了家长的权威。然而，家长们却忘了一件事，那就是人无完人，任何事都有两面性，如果一味地用家长架子压人，不允许孩子表达自己的看法，不仅会挫伤孩子表达的积极性，还会对亲子关系造成影响，时间长了，孩子的心会离父母越来越远。

因此，等到孩子爸爸上班后，我单独把孩子拉到身边，问道："是不是还在生爸爸的气呀？"儿子噘着小嘴，点了点头，过了半天才小声地说："其实，我不是想跟爸爸顶嘴，我也不是一定要今天去游乐场，我就是看爸爸最近太累了，想让他休息一天而已。但是，他都不问问原因，就只会骂我。"

听了儿子的话，我心里一阵感动，拍了拍他的肩膀，说："说话不算数，是爸爸做得不对；你敢于表达自己的想法，是一个很勇敢的孩子，不过也要注意说话的方式和语气。为了鼓励你敢于'反抗'爸爸的精神，今天妈妈带你去游乐园玩儿个够，好不好？"

"真的？"孩子的脸立刻多云转晴，完全忘记了刚才的不快。

第二课
打开孩子心门的七个小技巧

　　天下父母都会说一句话，那就是："因为我们是你的父母，我们不会害你，所以你听我们的没错。"出于爱的本能，我们总会不由自主地用命令的方式告诉孩子"不可以"，可是孩子们看不到未来，预见不到危险，他们只能一脸困惑地问上一句："为什么？"

　　当父母伟大的爱和孩子的自由意志撞到一起时，就会掀起一阵狂风暴雨，孩子会高喊："我不干！我不要！"

　　其实，并不是孩子多叛逆，他们"反抗"的过程正是他们表达自己想法的过程。

　　人都要经历痛苦才能成长，没有哪一种成长是无痛的。

　　人生路很长，父母应该做孩子的避风港，而不能成为困住其一生的温室。孩子长大了，家长们只有勇敢地放手，让他们经历真正的风雨，才能让他们发展出健全的人格。

　　在教育孩子的过程中，当父母感到"无解"的时候，不妨试着给孩子留出自由表达的空间，站在孩子的角度，尊重他们的想法，让他们说出自己的真实感受，在大方向正确的前提下留给他们一些自由发表意见的空间。他们敢于勇敢表达的时候，就是他们真正开始成长的时候。

2.4 炫耀是扼杀孩子表达的"拦路虎"

对父母来说,孩子意味着什么?是责任,是未来,是希望,是幸福……我们可以说出很多种答案,但还有一部分父母把孩子当作他们炫耀的筹码却不愿意承认。

这种现象并不少见,只要我们随便打开朋友圈,各种"花式炫娃"随处可见——"我闺女的古筝弹得越来越棒啦!""我儿子今天表演的模仿秀真厉害!""我家孩子又被老师夸奖了!"……每个孩子在父母的眼中都是无价之宝,父母因为孩子优秀而感到骄傲,这是一件值得称赞的事,但是,作为炫娃大赛的另一方,孩子的想法又如何呢?

前段时间,我看到了这样一则新闻:上海一位十一岁的小学生做了一项调查,结果显示,80%的孩子表示父母曾把自己的照片晒到朋友圈,60%的孩子认为"晒娃"首先应该征得自己的同意。为此,她专门提交了一份关于加强家长朋友圈健康"晒娃"的家庭教育方面的提议。

我把这件事情在课堂上分享后,引发了很多孩子的共鸣。

一个孩子跟我说:"我妈妈前天晚上没有经过我的同意,晒了一段我在家读英语的画面,第二天就有朋友不高兴地说,他们的妈妈看到之后,

第二课
打开孩子心门的七个小技巧

也要求他们马上开始读英语。他们还问我为什么要那么做。我心里非常生气，回家就跟妈妈说，我以后再也不在家里读英语了。"

还有一个孩子说："我很喜欢跳舞，前段时间参加了一个舞蹈大赛，妈妈很高兴，逢人就说。我很怕让妈妈失望，结果因为太紧张，第一轮就落选了。从那以后，我一跳舞就紧张，也不愿意跟院子里的小朋友一起玩儿了。"

在征得孩子同意的情况下，将孩子的一些小成绩、小进步晒出来，得到别人的夸赞，在一定程度上可以起到鼓励的作用，获得积极的效果，可一旦炫耀的方式不对，也很可能给孩子带来伤害，阻碍孩子未来进步的道路。

从心理学上来说，儿童时期是孩子发展自我意识、养成独立人格的关键时期。在这个阶段，他们逐渐有了自我意识，对来自社会和周围人的评价也越来越在意。他们一方面渴望得到别人的夸奖，另一方面却又非常容易受到负面信息的伤害。如果家长没有掌握好其中的平衡艺术，就会给孩子带来伤害。

我的一位朋友丝丝是个音乐方面的高材生，为了培养女儿的艺术细胞，早早就给她报了各种培训班。可没想到女儿偏偏喜欢上了朗诵。

丝丝小时候也喜欢朗诵，在全校都小有名气，所以每天女儿读课文的时候，从字音到语气，丝丝都会为她仔细纠正。小家伙儿也喜欢沉浸在朗诵的世界里，让丝丝用摄像机给她录视频，自己拿来反复观看揣摩。

慢慢地，女儿的才艺在家族群里有了名气，每次去亲戚家拜访的时候，亲戚都会让她把学过的课文朗诵一遍。在妈妈的鼓励下，她一点儿也不怯场，像一个小演员一样鞠躬、报幕、表演，每次都能得到满堂彩。大家在夸奖女儿的时候，也不忘把妈妈也表扬一番："果然是有其母必有其女，将来一定是个艺术家。"

然而，如此表演了一段时间之后，一向愿意串门的女儿却再也不肯去亲戚家了，只要丝丝说去走亲戚，她就开始往小朋友家跑。

孩子被家人过度的炫耀引发强烈的逆反心理。最初孩子愿意表演，是因为她找到了一点儿成就感，被人欣赏、被人赞美会使孩子的内心得到极大的满足。但同样的事情反复强调，新鲜感不再有，剩下的枯燥重复与完成任务般的压力感就只会让孩子厌烦。

读懂孩子的内心，让他们在恰当的时候做恰当的事情很重要。家长不要把孩子当成自己的私有财产，因为这种方式会让他们觉得自己不受父母的尊重，更会打击他们表现的欲望。要知道，孩子兴趣保持的时间并不像成年人那么长，因为成人必须对某些事承担责任，不管多难也要克服，但孩子不同，他们做事情全靠兴趣。

当兴趣消失的时候，他们就不愿意再重复去做某些事情。比如有的孩子练习钢琴，兴趣消失后就不想再练了，这时就需要父母拿出成年人的"权威"，辅助孩子继续学习，直到让练琴成为孩子的习惯。而说话，并不是一项技能，孩子想说自然就会说，不想说谁也帮不上忙。

对于父母，来说，要想让孩子愿意表达自己，勇敢表现自己，就一定要尊重孩子自己的选择，不要把孩子的点滴进步当作炫耀的资本。

作为父母，首先要做的就是收起自己的虚荣心，在炫耀之前，不妨先从孩子的角度想一想自行炫耀的行为是否会给他带来什么困扰。给孩子创造简单、快乐的环境，不给他太重的包袱，让他轻装上阵，孩子才能在成长道路上走得更好。

2.5　孩子的神态不会撒谎

在小学的语文课本里，有一篇我很喜欢的童话。

这篇童话讲的是：一位老木匠做了一个木头人，但是忘了给他表情。有一天小木头人刚出门，他的书包就被小狐狸抢走了。小木头人到警察那里告状，但小狐狸表现得很委屈，而小木头人却什么表情也没有，于是警察判定是小木头人撒谎。

这个童话故事告诉我们表情的重要性。喜形于色、喜上眉梢、愁眉苦脸……这些词语哪个不是说情绪要靠表情来传达呢？

儿子上二年级的时候开始学习萨克斯，金灿灿的萨克斯成了他的最爱。虽然萨克斯很漂亮，但学起来却一点儿也不轻松。

第一天上课回来，一向贪玩的儿子就闹着要睡觉，他那疲倦的样子比爬了一次香山还糟糕。可放学的时候，老师还特意叮嘱每天要坚持练习至少40分钟。

于是，爸爸嬉笑着拍了拍躺在床上一动不动的儿子，说道："别想偷懒呀，今天的练习还没完成呢！"爸爸以为儿子在要赖，跟他说完后，就去忙着给孩子做饭了。

做完饭后，爸爸看到小家伙儿还是一动不动地躺在床上，内心开始嘀咕：这是怎么了，不会是真病了吧？他把手放在儿子的额头——温度正常，孩子的嘴唇、脸色也正常，但爸爸喊他起来吃饭，他却怎么也不肯；叫了半天，他才勉强起来。吃饭的时候，儿子仍耷拉着眼皮，没了往日的欢腾。爸爸问儿子："你是哪里不舒服吗？"孩子摇摇头，闷不吭声地吃饭，刚吃完，又说要去睡觉。

爸爸一把拉住孩子，说："身体没事，我们就要练习萨克斯了。俗话说'饱吹饿唱'，刚吃完正好吹。"前几天看到萨克斯还兴奋得不得了的儿子，现在一点儿也没了之前的热情，怏怏地说："爸爸，能不练吗？"

"不可以，今天是第一天，万事开头难，做事情必须坚持！否则什么也做不好。"爸爸态度坚决，还帮儿子把谱架搭好，把萨克斯带子戴好。儿子开始无精打采地练习了。因为刚学，他的气息还不对，经常发出"噗噗"的声音。

40分钟里，爸爸一直给儿子加油。练习结束后，儿子默默地回到了自己的房间。

说话是一种表达，但表达却并不是只有说话一种方式。在孩子所有的非语言表达方式中，有一种叫作神态表达，或者说是情绪表达，很多人并不熟悉。

情绪是一种人类共通的体态语，再小的孩子也有自己的情绪，再迟钝的孩子也会表现出自己的喜好。但父母却经常因为粗心，顾不上观察孩子的情绪变化，或者觉得孩子就该服从自己，所以装作看不到孩子的神

第二课
打开孩子心门的七个小技巧

情。但是，如果我们细心一些，就可以看出发生在孩子身上的变化，比如：孩子不爱说话了，变得沉默，或者总是看上去有心事的样子，因为没有用语言表达出来，所以很容易被父母忽略。

所有孩子的负面情绪背后都有未被满足的心理需求。

遇到这种情况，有些性格比较急躁的父母，猜来猜去也"抓"不到孩子出问题的"点"，就会特别抓狂，甚至大声吼叫"你倒是说啊"，甚至用主观臆断的方式去解决问题，这样反而会越来越使孩子不敢说话。

因为，对于我们成人来说，有什么烦心的事，说出来就好了。但对于儿童来说，他们受到认知水平和语言发展水平的制约，有时无法用准确的语言来表达自己的需要、处理自己的情绪。这就需要家长在跟孩子交流中帮助孩子增强正确表达自己的情绪和情感的能力。

晚上，我从丈夫那里知道了孩子的反常情绪，于是装作不经意地问儿子："我看你今天不太开心，是不是学习萨克斯的时候不太顺利呀？"孩子点点头，说："我是有点儿不开心，今天上课的时候，除了我，他们都受到老师的表扬了。一个男生还嘲笑我个子矮，再怎么努力也没用。"

此时，孩子爸爸才恍然大悟，笑着说："原来是因为这个不开心呀，我告诉你，他们长得高是因为他们年纪比你大。我问过老师了，因为他觉得你的资质不错，所以才破格把你放在了高级班。只要你好好努力，很快就可以超过他们了！"

"真的？"孩子立刻如释重负，露出了开心的表情。

情绪是反应人类内心的一面镜子，孩子的神情也代表着孩子的心绪和想法。

据心理学家研究，虽然人类可以在任何年龄阶段学习到情绪表达的技巧，但儿童时期是最佳的学习期。如果孩子从婴儿期到七岁都没有学习到恰当的情绪处理方式，很容易出现紧张、易受挫、怕黑、害羞和不愿意说话等现象。如果这个时候仍得不到改善，到了青春期，他们就更不愿意表达自己了。

我们作为父母，一定要学会察言观色，一方面需要关注那些孩子没有表达出来的情绪，包括神态、动作等，因为孩子的神态是不会骗人的，他们内心的想法都会透过神态表现出来。当孩子情绪低落的时候，我们应该了解孩子情绪低落的原因；当孩子高兴的时候，我们应该倾听他们讲述令他们高兴的故事。

一旦发现孩子情绪有变化，家长就要在最恰当的时间和孩子沟通，这样孩子才会把自己想说的话告诉家长。

另一方面，我们也要积极地与孩子沟通，帮助他们分析在哪里遇到了困难、怎么解决等等，与孩子建立共情，认同他们的情绪，以此来帮助孩子完成情绪上的成长。一旦孩子学会了表达情绪的恰当方式，就能够将共情能力应用在自己的人际交往中，更快地与别人建立友谊。

在与孩子打交道的这些年里，我越来越深刻地体会到：父母是同孩子一起成长的，在陪孩子"升级打怪"的路上，与其说我们在保护他们，不如说是他们在成就我们。虽然我们永远无法做到完美，但能一天天地获得孩子更多的认可，就是莫大的进步。

第二课
打开孩子心门的七个小技巧

2.6 和孩子好好说话，他才懂如何表达

俗话说"种瓜得瓜，种豆得豆"，父母的言行直接决定了孩子的说话方式。只有我们给孩子播种下愿意交流的种子，才可以收获孩子会交流的果实。

有一次，我和一个朋友见面，我见到他后的第一句话就是："每天忙得见不到人影，跑哪儿去了？""出差，每天都是出差。我儿子给我统计了，上半年6个月，我在家17天。"他无奈地说道。

爸爸妈妈在各自的工作中奔波着，他们的孩子在哪里呢？学校、补习班、社会教育机构，还有就是在游戏的世界中。

前一段时间，一位朋友出差，我被委以重任——帮他接送孩子，还要监管孩子吃饭、学习。朋友的孩子是第一次在我家留宿、吃饭，为了能让孩子吃得舒服，我也是真的下了功夫。第一天我刚接他来自己家，就问他："你最爱吃什么？我晚上给你做。"

孩子一点儿不客气地说："西红柿炒鸡蛋，葱头炒肉。"听到如此家常的饭菜，我暗自窃喜，不料孩子又补充了一句："你可不能用羊肉呀，我不吃羊肉。"我刚才喜悦的心情顿时烟消云散，心中暗想："这孩子说话

怎么一点儿礼貌也没有,好歹我也算是他的长辈,替他父母临时照顾他一天,他怎么这样目中无人?"我忍了忍,刚要说"好的",谁知他又补充了一句:"要做汤呀,没汤我吃不下饭。"

这句更让我觉得心头火起,好像我是他雇的一个保姆。但转念一想,他还是个孩子,又只是在我这里短住,就不要和他计较了。我咬着牙说:"好的。""还有,汤不能放味精,我妈妈说吃那个影响智力,你可不能给我吃那个,吃傻了,你倾家荡产也赔不起。"

说实话,那一刻我都想把他送回去了:我哪里是照顾一个孩子,明明是照顾一个小祖宗啊!可朋友并不是这样无理的人,我心中疑惑不解。后来朋友告诉我,他们夫妻工作都太忙,孩子从生下来就放在奶奶家,奶奶和周边邻居相处都不融洽,主要原因就是不会说话。我顿时明白了,孩子这样的说话方式都源于他奶奶,他就是在那样的氛围里长大的。

孩子在学习表达的过程中,首先需要拥有大量的词汇,就像做饭的时候需要准备原材料一样,但是,这些原材料应该从哪里获得呢?

答案很简单,我们的日常生活就是孩子搜集素材的市场。因为大人在交谈的时候通常都会使用比较复杂的词语和句式,孩子耳濡目染,就会在不知不觉中模仿大人的用词和语言习惯。

然而,对于很多生活、工作都是快节奏的父母来说,和孩子说话完全是一种奢侈。于是,他们将陪伴孩子的任务交给了各种故事机、点读机,甚至各种智能机器人。

第二课
打开孩子心门的七个小技巧

这种偷懒的办法是否有效呢？

华盛顿大学的库尔（Kuhl）教授曾做过一项实验：他分别从中国台北和美国西雅图挑选了一批一岁以下的孩子，然后派一个人去给西雅图的孩子用中文讲故事。十二周后，这些美国小孩儿对中文的熟悉程度几乎与同年龄在台北的孩子不相上下。后来，库尔（Kuhl）教授又用录音、录相的方式让西雅图的小孩儿学中文，却一点儿效果也没有。

这一实验证明，孩子在学习语言的过程中，用的是"社交大脑"，只会对真实的人有反应，而对冷冰冰的机械声音则听而不闻。

讲故事的人可以换来换去，亲情却没有办法替代。在孩子眼里，父母关爱的眼神和充满爱的声音是任何东西都代替不了的。

虽然父母们工作确实都很忙，但这绝不应该成为忽视孩子的借口。至少在孩子建立说话模式时，家长要和他们多交流，和他们好好说话。这不仅仅是为了陪他们一起度过童年时光，更是为了把我们的人生体验、社会经验传递给他们。把自己认为对的说话方式传递给孩子，这样他们才有可能成为家长想要培养的人，才会给家长带来意想不到的惊喜。

2.7 语言丰富的孩子是用书"喂"大的

每到假期,中国各个城市间就开始了"大迁徙"。年轻人和背包客们通过旅行,去享受青春,释放年轻的激情;而父母们出去旅行,更多的却是为了孩子。

尤其是孩子每年的寒暑假,是父母们最犯愁的时间。不带孩子出去吧,别的家长要么带孩子出国游学、四处旅行,要么让孩子参加夏令营、冬令营,假期过得丰富多彩,有的家长怕孩子以后跟同学没有共同语言,但带孩子出去吧,有些家庭条件不允许,家长也抽不出时间。

其实,家长们带孩子出行,无非是想让孩子在行走中增长见识,学习知识,积累表达的素材。而如果暂时做不到"行万里路",先"读万卷书"效果也是非常不错的。

从我多年的教学经验来说,读书确实是发展孩子语言能力的最佳手段。原因显而易见,读书可以提升孩子的语言能力,增强孩子的理解能力,打开孩子的眼界,放飞孩子的梦想……因此,很多人都绞尽脑汁地想让自家孩子爱上读书,只要是大家公认的好书,父母都会一股脑儿地给孩子搬回家去。

第二课
打开孩子心门的七个小技巧

曾经听一位五岁孩子的妈妈说，他们孩子每年的阅读量能达到一百万字（其实更多的是妈妈给孩子读）。然而，这种阅读量连很多成年人都望尘莫及，不管对孩子还是家长都是一种负担。

我认为，教孩子"读万卷书"，数量并不能成为唯一的评价标准。对于父母来说，到底该如何阅读，怎样引导孩子阅读，才最科学有效呢？

儿子四岁的时候就开始跟着我们逛书店了。每次到了书店二层的儿童读物区，我都会拉着他的小手，在书海里为他选书。

因为年纪小，他对全是文字的书毫无兴趣，对那些满是插图，只有一些简单文字的儿童绘本也显得漠然。可能是因为他还不认字，看不懂。对此表示理解的我便担任了朗读的角色，我还会根据书中人物的特点，声情并茂地讲给儿子听。可惜每次讲都翻不到三页，他就丧失兴趣，抓起另外一本书看起来。

对于孩子的不买账，我也无可奈何，唯恐自己的强求让孩子对读书失去了兴趣。不过，奇怪的是，每次小家伙儿翻到迷宫类图书的时候，都会把妈妈这根"拐棍"扔到一边，自己用小手指沿着书中的各种线条画来画去，也不要求别人讲给他听。得到彻底解放的我既欣喜又担忧：这样没有文字的书，让孩子看有什么意义呢？

出于好奇，我疑惑地问孩子："这书有意思吗？"

"嗯，你看，从这里出发，这里可以直接通过，又从这里穿过这里，到了这里，然后……"儿子一边用小手顺着路径给我比画，一边很用心地介绍着。这太出乎我的意料了，平时"惜字如金"的儿子，竟然可以用上很多相互联系的词语，而且他不是简单地用手比画，他的大脑也在进行着逻辑判断。

我们让孩子阅读书籍，是为了丰富他们的语言，发展他们的思维。而不带文字的书，同样可以达到这样的效果。信任孩子的选择吧！语言不是非要讲出来的，有逻辑地思考，也是一种语言的学习过程。

我们要相信孩子，让孩子自主选择自己喜欢的书籍。其实看书本来就应该不带有任何功利性，而有的父母自认为某些书籍是孩子应该看的，某些书籍是对孩子有帮助的，从而越俎代庖地替孩子选择或者决定，却忽略了"开卷有益"这个古老却朴实的道理。

孩子喜欢的书会随着年龄的增长而改变。小一些的孩子喜欢带有漂亮插图的书籍，大一些的孩子就会更注重书中故事的情节。给孩子选择书籍的时候，篇幅方面可以选短一些的，但是语言方面要尽可能选丰富一些的。在进行亲子阅读的时候，父母对文字的要求不要太高，但是如果孩子已经可以自主阅读了，选择合适的书籍更重要一些。

总之，在选择书籍的时候，孩子自己喜欢看才是最重要的。

同时，父母也要做孩子的榜样，要真心去喜欢读书，而不仅仅是做做样子。所以父母不妨也选择适合自己的书籍，真正地看进去，小说、散文、随笔、专业书籍都可以。当看得累了的时候，还可以和孩子聊一聊自己阅读的体会或者书里的内容。不用担心孩子听不懂，只要你愿意和他们交流，他们就会有自己的想法。

我丈夫这方面就做得很好。他从小一直保持着阅读的习惯。我家对面

第二课
打开孩子心门的七个小技巧

就是图书馆,从儿子四岁起,每周六图书馆一开门,我丈夫就会带着儿子去。儿子一上小学,我丈夫就给儿子办了借书卡。直到现在儿子上了大学,他每天晚上睡觉前也要读一会儿书。

对孩子来说,我相信任何习惯都是可以培养的。父母真心喜欢阅读,能够和孩子一起阅读,对孩子的语言学习真的非常重要;而鼓励孩子阅读,让孩子亲身感受阅读带来的快乐与成就感,也很重要。我们可以让孩子参与各种读书会活动、故事大王比赛、演讲比赛等,让孩子体会到和同龄人一块儿阅读的乐趣。带孩子逛书店、去图书馆看书,让他们认识有同样兴趣爱好的新朋友,也是很好的选择。

当孩子无意中出口成章的时候,当孩子有意识地引用某些词语的时候,当孩子的知识得到展现的时候,父母千万不要吝啬自己的赞扬。当孩子静静拿起书本阅读的时候,也请父母们尽量不去打扰他们。

我相信"腹有诗书气自华",阅读终将带给孩子丰富的语言素材,让孩子说话的内容更加广博,他们的为人也更加令人欣赏。

第二课
打开孩子心门的七个小技巧

01 符合年龄的话
（A）开发的心态
（B）根据不同年龄段需求
（C）文明、健康的语言环境

02 不强迫孩子说话
（A）不刻意改变孩子的性格
（B）正确认识世界，建立沟通渠道
（C）不逼迫，用适当的方法表达

03 接受那些你不想听的话
（A）允许孩子表达自己的看法
（B）任何事都有两面性
（C）保护孩子表达的积极性

04 孩子不是炫耀的资本
（A）独立人格形成的关键时期
（B）平衡自己的需求与孩子的感受

05 孩子的神态不会撒谎
（A）判断孩子的真话与谎言
（B）情绪是一种语言
（C）情绪背后有未被满足的心理需求
（D）正确表达情绪和情感

06 和孩子好好说话
（A）父母的言行决定孩子的说话方式
（B）网络时代更要多说话
（C）社交大脑

07 用书"喂"大孩子
（A）提供丰富的语言素材
（B）说话内容更广博
（C）提高学习的理解能力

第三课

七种
"爱的表达"
消融沟通障碍

3.1 别让不恰当的批评成为孩子一生的伤害

我曾经看过一部纪录片《人生七年》，该片记录了来自英国不同阶层的十四个七岁孩子的人生轨迹。

其中有一个孩子给我留下深刻印象，他叫尼尔。

尼尔从小生活在一个富裕的中产阶级之家，性格开朗、活泼可爱，但有时也非常淘气。父母和老师对他都非常严厉，他偶尔犯错，就会招来他们的齐声指责。大人们骂他什么都做不好，以后也不会有出息。

生长在这样的环境中，尼尔越来越敏感自责，以至在升学考试的时候发挥失常，与梦想中的牛津大学失之交臂，去了一所不知名的大学。更令人惋惜的是，等到七年后摄制组再次找到他的时候，28岁的他因为性格原因，已经退学，成为一名无家可归的流浪汉，直到56岁依然孑然一身。

随着现在人们对教育的重视，很多家长都是"望子成龙，望女成凤"，甚至不惜用讽刺、挖苦、责骂、"泼冷水"等方式来试图达到激励孩子前进的目的。然而，在这个过程中，并不是每个家长都能掌握好度，把握得不好就变成打着教育孩子的幌子发泄自己的情绪。

一个人的语言，是他内在情绪、心态的外在表现。对孩子来说，虽然

第三课
七种"爱的表达"消融沟通障碍

他们在语言表达和理解能力上不如大人,但他们对情绪的认知却十分敏感。当父母带着种种不良情绪对孩子进行教导时,孩子也会对这些不良情绪照单全收。结果是,大人发泄了情绪,而孩子从此背上沉重的思想包袱。

一位朋友曾给我讲过一段她的亲身经历:"我在家中排行老二,姐姐在各方面都比我出色,人长得也漂亮。从小学一年级开始,她就是班干部,到了中学又是学校团委,学习成绩在班里也是数一数二的。而我和她恰恰相反,除了个子比她高,体重比她重,其他方面都不如她。不要说班干部了,放学后不被老师留下就已经庆幸不已。不知是机缘巧合还是造化弄人,教姐姐的老师最后都成了我的老师,小学的班主任是同一个,中学的物理、数学、语文老师也是同一批。我从这些老师口中听到的最多的话就是我姐姐以前如何优秀!我烦透了这些话,而这些话就像魔咒一样出现在我生活的各方面。在家里,妈妈也在说同样的话:'看看你姐姐,什么都行;再看看你,我简直后悔生了你。'初二,正处于青春期的我,有一次终于爆发了,冲着母亲大嚷:'那你生我干吗!'

每日都听到这样的批评,我看不到希望。其实那时候我也很优秀,参加过朗诵比赛,而姐姐的朗诵并不好;我还参加过风筝节,拿了一等奖,姐姐这方面也不行;我代表学校参加了物理比赛,姐姐连初试都没通过;我可以做两百个仰卧起坐,但姐姐不行;我帮爸爸换煤气,帮妈妈卖红薯,姐姐干这些都不行;我利用假期做短工挣学费……但这一切,老师和父母似乎永远也看不到,他们看到的总是我不如姐姐的地方。无论我怎么努力，都无法获得长辈们的认可，无休止的批评让我特别绝望。"

拿自己的孩子与别人比较，或者把别人家的孩子当成榜样或假想敌，是很多家长在教育孩子时常用的招数。在工作中，我接触过很多这样的家长，明明孩子已经非常优秀，但他们总能找出另一个更加优秀的"参照物"，来向孩子证明"你做得还不够""不要骄傲"，仿佛只有这样才能激发出孩子更大的潜力。

殊不知，这种盲目的批评、比较，不仅不会对孩子形成激励效应，还会对孩子造成应激伤害。神经科学家最新研究发现，人的大脑具有自我防护的能力，能够对外界刺激产生反应。如果一个人的大脑经常接收负面信息，它就会自动将这些信息判定为一种威胁，从而自动启动防范机制，表现在孩子身上就是狡辩、撒谎、无所谓、行为消极等。长此以往，天才也会变成庸才。

任何不恰当的批评都会给人带来被吞噬的感觉，尤其在孩子学习语言的过程中，父母不恰当的批评有可能让孩子放慢学习的脚步，浇灭孩子说话的欲望。

孩子犯了错，当然要批评，但父母一定要注意批评的方式和语气，对事不对人，千万不要把孩子的某个错误上升到品质问题（贴标签）。只有把孩子的每一个错误都看作孩子成长的机会，让他感受到尊重，他才会愿意跟你说出心里话。

王老师的小秘籍

正确批评孩子的三大技巧：

面对孩子成长中的问题，父母应该及时地给予引导，帮助孩子改正，然而不正确的批评会大大伤害孩子的自尊心、自信心，所以在批评孩子的时候，一定要用正确的方法：

（1）降低声调，让孩子更能集中注意力听。降低声调，不但可以约束自己，还可以减轻孩子反抗的情绪。如果父母说话声调低，孩子会因此更集中注意力听。他们虽然也知道自己是在被教育、被批评，但内心仍然感觉是被尊重的，因而也更容易接受父母的意见。

（2）运用正确的语气和措词，潜移默化地塑造孩子的性格。低声调可以调节情绪、赶走愤怒。作为孩子的启蒙老师，父母的言行对孩子日后性格的形成影响非常大。在一般情况下，遇事暴躁、不冷静、喜欢开口就大声责骂孩子的父母，其孩子日后性格暴躁的机率会更大。此外，在批评教育孩子时，运用适当的措词，会让孩子更容易接受父母的意见。比如"我爱你，但是你的说话方式我不能接受"，这种话虽然听起来有点儿生硬，但是孩子能够明白"虽然爸爸妈妈在批评我，但他们还是爱我的"。在这种心理暗示下，孩子对父母提出的批评意见更乐于接受。

（3）把你所期望孩子做到的解释给他听。在引导孩子的时候，除了运用正确的声调、语气和措词外，父母还要注意把对孩子的期望和要求解释给他听。例如，带孩子在路上散步，如果你只是单纯地告诉他不能到处乱跑，他也许会暂时接受你的意见，但没过多久就会忘了；而如果你在告诉他的同时，用温和的方式来警告他不按父母说的做的后果是可能会摔倒，或是被车撞到，孩子就会对你的引导印象深刻，再犯同样错误的可能性就会大大降低。

　　父母在引导、教育孩子的时候，需要将心比心地换位思考，始终让自己的心与孩子保持沟通，这样才能达到教育的目的，维系良好的亲子关系，激发孩子和父母沟通的欲望。

3.2 放下说教，走进孩子的世界

将孩子从稚嫩的小苗培养成优秀的人才，需要经历一段漫长的旅途。在这段旅程中，每一位家长可能都体会过"爱"和"怕"这两种情感。

爱，自不用说，父母爱孩子，是世间最伟大、最深沉的情感。也正因为父母如此爱孩子，便产生了各种担心和惧怕——怕孩子吃不饱睡不好，怕孩子生病，怕孩子受到伤害，怕孩子误入歧途，怕社会太复杂、太危险让孩子稚嫩的心灵招架不住，所以必须将孩子护在羽翼之下，竭尽心力地去教导他，不想让他知道外面的风雨有多大。

每当孩子想要从父母的羽翼下钻出头，表达自己对这个世界的看法时，常常能听到父母这样或那样的教导和指责。可是，父母认为对的事情就一定对吗？

六一儿童节的时候，我跟一个朋友一起带着孩子去公园玩儿。刚一进公园大门，孩子就嚷着要去坐他最喜欢的小火车。可能因为过节，排队坐小火车的孩子很多，朋友只买了孩子的单人票，让他自己一个人去玩儿，自己在下面等着。

因为以前孩子经常跟自己一起坐小火车，朋友把孩子送到座位上坐好，就放心地跟我聊起天来。没想到，她刚离开一会儿，就听见人群里一阵喧哗，还有孩子哭闹的声音。她赶紧跑过去，看到刚才还乖乖的孩子正和旁边的小朋友打成一团，嘴里还喊着："你下去，你下去！"

朋友一见就火冒三丈，三步并作两步跑过去，一把把孩子从小火车上拽下来，厉声说："你这孩子怎么回事儿，这么不懂礼貌！赶快跟小朋友道歉！"然而，孩子梗着脖子就是一言不发，眼看对方家长的脸色越来越不好，朋友更生气了："打了人还不道歉，越来越不听话了！"孩子看见妈妈真生气了，哇的一声大哭起来。

最后，小火车是坐不成了，朋友拉着泣不成声的孩子走到一边，上起了教育课："小火车是公共场合，你怎么能一个人霸占，不让别的小朋友玩儿呢！好孩子要懂得分享……"然而不管她好说歹说，孩子就是拒不认错。

教育孩子的时候，很多家长都会采用"讲道理"的方式来纠正孩子的某些错误行为。相对于"打骂"等暴力教育方式，这种方法确实要文明、进步不少，但却也不是百试百灵。

有位家长就曾经跟我讲，她家儿子特别逆反，虽然她知道暴力解决不了问题，但孩子根本听不进家长的话。有时候，她越是苦口婆心给孩子讲道理，孩子就越跟她对着干。我问她都是怎么给孩子讲道理的，她想了好一会儿，才含糊地说："唉，还能说什么呀，就是老一套呗！"

从小到大，人们对于"讲道理"都有一种惯性思维，那就是把"讲道理"与"说教"等同起来。尤其教育孩子的时候，不管实际情况如何，父母

第三课
七种"爱的表达"消融沟通障碍

们就喜欢强行给孩子讲道理，强行让孩子做他们认为对的事情，否则就认为孩子不懂事、不听话。这种单边主义的思维方式往往会引起孩子的逆反情绪。

我因为职业的关系，有段时间特别喜欢给孩子讲道理，不管什么事都以自己是"过来人"的身份去教育他，还觉得自己是尽到了家长的责任。刚开始，孩子还好好配合，可没过多久，他就开始反抗，对我说："妈妈，你不要再给我说这些大道理了，有时候我只是想跟你分享一些好玩儿的事情，你总摆出老师的架子给我上课，哪怕你说得都对，我也听不进去。"

孩子的话让我吃了一惊，我一直认为孩子最近变得叛逆、不愿跟人说话，是因为到了青春期的缘故，却从来没想过，问题原来出在我自己身上。

其实，换位思考一下，很多时候连我们大人都不喜欢听大道理，更何况孩子！他们虽然懂得不多，但也是独立的个体，而不是一个个"道理接收器"，如果一味强迫他们接受所谓正确的道理，而不去思考让孩子如何如何做的理由，不仅是家长的疏忽"懒政"，更会将孩子越推越远。

想到这儿，看着满脸委屈的孩子，我从兜里拿出纸巾给他擦干眼泪，轻声问他："你刚才为什么不让小朋友跟你一起坐小火车？"孩子低着头，哽咽着说："我没有打他，因为他抢了妈妈的位置，我才不让他上来的。"朋友在一边听见了，才恍然大悟："以前带他坐小火车的时候，都是我坐在他旁边。都怪我这次没跟他讲清楚，让他误会了。"

我们经常说，眼见为实，耳听为虚。然而，在实际生活中，很多事情眼见不一定为实，耳听不一定为虚。即使孩子有时候不会表达，也不代表事情就跟你想象的一样。

思想家卢梭曾经说过,三种对孩子不但无益反而有害的教育方法是讲道理、发脾气、刻意感动。

孩子表现出负面情绪时,其大脑会处于非整合状态,这个时候你说再多道理他也听不进去。这个时候我们要做的,首先是去了解孩子的心理诉求,接纳他所有的情绪流动;等孩子感觉到安全之后,问题往往会迎刃而解。

以朋友的这个故事为例,她的孩子之所以会发脾气,就是因为他想和妈妈一起坐小火车,而家长没有满足孩子渴望陪伴的心理需求,还讲了半天关于分享的大道理,孩子怎么会听得进去呢?

懂得这个道理之后,朋友把孩子拉到身边,温柔地说:"你是不是想和妈妈一起坐小火车呀?"孩子点了点头,朋友接着说:"刚才因为人太多了,所以妈妈才没有跟你一起上去,等一会儿人少了,我们再一起去好不好?"孩子这才破涕为笑,主动说:"刚才我不应该推那个小朋友,我要去给她道歉。"

家长放下说教,并不是不要跟孩子讲道理,而是要学会变通,改变讲道理的思维定式。家长要尊重孩子,而不是居高临下;去倾听孩子,而不是强行灌输。给孩子充分思考和表达的空间,家长们会发现,原来一切可以这么简单。

第三课
七种 "爱的表达" 消融沟通障碍

3.3 学会对孩子说 "你能行"

  可能是中国人性格含蓄内敛的原因，我在走访过许多国家之后发现，中国父母是最吝啬表达"赞美"和"鼓励"的群体，因为"怕孩子骄傲"，因为信奉"棍棒底下出孝子"，因为"骂你是为你好"……但如此往往事与愿违。

  刚上小学二年级的侄女，自从学校换了新班主任之后，学习成绩每况愈下。这可把她的父母急坏了：好不容易进了市重点小学，现在正是打基础的时候，老这样下去可怎么行？于是，家长三天两头把她"扔"在我这里给她补课。

  虽说是补课，其实完全可以叫作"妈妈的咆哮大会"。有一回，侄女数学小测验考了90分，这已经比她之前的成绩提高很多，我刚要夸奖她几句，手里的卷子就被她妈妈抢走了。"怎么才考这么点儿分，班里最高分是多少啊？""这道题怎么又错了！昨天不是刚给你讲过吗！"随着妈妈的声音越来越大，本来表情轻松的侄女越来越委屈，眼泪啪嗒啪嗒地掉。妈妈看见她流泪，更生气了："还有脸哭！脑子这么笨，我看你也不用补课了！再怎么补，你也成不了好学生！"

每一个家长都是贪心的，面对孩子糟糕的成绩，很多家长会控制不住自己的情绪，甚至对孩子破口大骂。我们不妨换个角度想想：孩子发挥不好，心里肯定也不好受。如果他们此时得不到家长的理解，不仅会严重打击他们的学习积极性，甚至可能产生抵触、叛逆等负面情绪。

眼看客厅里的气氛越来越紧张，我赶紧把侄女拉到书房中，关上门，帮她擦干眼泪。等她情绪稳定一点儿，我笑着鼓励她说："我看了你的卷子，里面好几道难题咱们之前讲过，你都做对了，我觉得你真的很棒。"侄女破涕为笑，对我说："最后一道题特别难，班里就我一个人做对了，老师还在课堂上表扬我了呢！"我笑着摸了摸她的头，说："那我们一起分析一下这次的失分点是什么，我相信你下次一定能取得很大的进步。"侄女认真地点了点头，表示下次一定取得好成绩。

当成人的工作超出负荷，感到"压力山大"的时候，常常会变得沉默寡言、脾气暴躁，更何况小孩子。如果压力超出了孩子的承受能力，孩子也会患上一系列压力综合征，会有沉默、抑郁、消沉和不爱沟通等一系列反应，甚至会对自己丧失信心，认为自己就是妈妈口中的那个坏孩子。

家长们这种错误的表达方式，就叫作"贴标签"。

我曾经教过一个学生，平时成绩很好，就是考试的时候怯场，一到考试就发挥失常。我问他是怎么回事，他说："以前我每次考试都是第一，我妈从来都没表扬过我。有一次我考了第二，她就说我骄傲了，把我狠狠骂了一顿。可是我同桌考得比我差多了，就因为比以前成绩提高了，她妈妈就带她出去吃了一顿大餐。当时我就想，我还不如考得不这么好呢，

第三课
七种"爱的表达"消融沟通障碍

结果下次我真的没有考好。后来，一到考试我就会想到妈妈失望、生气的眼神，平时会做的题也不会做了。"

当你对孩子说"你真是坏孩子"时，孩子会认为"我是个坏孩子"。其实没有一个孩子天生就是坏孩子，只是同样的行为被贴上了不同的标签而已。

每个孩子都渴望父母的认可和鼓励，每个孩子也都有无限的潜力。当他们没有达到你所期望的要求时，不要急着责骂孩子，而应该对他们多加鼓励，让他们有勇气迎接下一次挑战，而不是背上"我不行"的心理包袱。

不久之后，侄女参加了学校的期中考试。当她有点忐忑地把成绩单交上的时候，她妈妈按照我之前教的方法，温柔地对她说："我女儿真棒，不管这次考了多少分，下次都不要有压力。心态放轻松，就能取得好成绩。"

孩子将信任交给我们时，我们也要对他们报以同等的信任。放下怀疑、放下责骂，温柔平静地倾听孩子内心的声音是每个家长应尽的责任和使命。

王老师的小秘籍

对孩子说"你能行"。

（1）纠正孩子的行为，而不否定孩子的人格。如果是你，希望被贴上什么样的标签呢？年轻、漂亮、笑脸迎人、温柔等等，这些都是令人开心的标签。听到别人这么说，自己就会希望一直在他人面前保持相应的形象，回应他人相应的期待。因此，我们喜欢"正面"的标签。同样的状况也适用于孩子。在明白了这点后，父母还必须了解纠正孩子不当行为的关键在于"把人和行为分开"。

当你责备孩子说"你是坏孩子"，就变成了对人不对事。我们在批评孩子的时候，应该把人和行为分开，只需要责备孩子的行为是不对的，而不是把孩子整个人都否定了。比如，我们对孩子说"在墙上乱画是不好的行为喔"，这句话指的是"行为不好"，而不是孩子不好，所以是对事不对人。

孩子本身没有错，不好的是行为，请父母们在教育孩子时务必分清楚。如果让孩子认为自己是"坏孩子"，那么他不但会因此形成错误的自我认知，而且被骂后仍然不知道该怎么改正。让孩子了解"在墙壁上乱画是错误的行为"，他就能明白"下次不应该再做这件事"，并清楚下一次该采取什么行动。

（2）**满足于孩子取得的成绩，而不挑剔孩子犯的错误**。挑孩子的错，是父母最容易犯的一个毛病，也是最容易打击孩子的行为。每次孩子考完试后，我从父母们口中听到的最多的话就是："别人考了几分？""你在班上是第几名？""这道题为什么错？"而很少听到："这次你又进步了！""我猜想你的成绩在班上是优秀的。""看，这次考试，你填空题一道题也没有做错呀！"

两种不同的话，对孩子有不同的教育效果。人都会对完美的事物赞

第三课
七种"爱的表达"消融沟通障碍

叹不已,对有缺陷的感到不安。也许正因为这样,我们总是追求满分的考卷,如果其中有题目被打了"×",就会觉得错误特别醒目,因而不断追问孩子:"这题不懂吗?"可是,孩子会觉得考卷中明明有答对的题目,可爸爸妈妈却只挑做错或不会做的题目。

(3)对孩子流露出"你能行"的神态。不要把孩子当成什么都不懂的小家伙儿,他可以从父母微妙的神态中判断出父母内心的真实想法。试卷上有"√",也有"×",爸爸妈妈把注意力放在哪个部分会让孩子觉得开心,并激发他(她)更努力呢?如果我是孩子,绝对希望爸爸妈妈注意到"√"的部分。当有人认同孩子的长处,孩子会产生无穷的干劲。

请记住,人做任何事情都是需要勇气的,包括说话。要想让孩子有表达的勇气,父母就要给孩子自信以支撑,面对面地对孩子说"你能行"。

3.4 学会对孩子说"对不起"

父母应该向孩子道歉吗?这似乎是一个很容易引起争论的话题。

在我们熟悉的亲子关系中,当孩子做错事情的时候,父母们会让孩子思考自己为什么做错了,要孩子说"对不起"。但如果错的是家长,父母们却很少有人会向孩子道歉,害怕那样会让自己"失去威信""丢了面子"。

对于很多聪明的家长而言,学会对孩子说"对不起",是打开亲子沟通之门的金钥匙。

在《爸爸去哪儿》第五季中,陈小春的坏脾气是出了名的,但是不知道大家有没有注意到,只要陈小春意识到自己错了,他就会立刻向"小小春"Jasper(贾斯帕)道歉。

一次,陈小春嫌Jasper走得慢,但在Jasper用大话筒喊话之后,他意识到了自己的态度有问题,就秒变温柔爸爸。

还有一次,Jasper穿着袜子在地上走,陈小春看到后,又大发雷霆,指着床对Jasper大吼一声:"上去!"Jasper委屈地哭了,但仍然不忘解释自己只是想去拿水喝。随后,陈小春意识到自己的语气有些太重了,立马轻声说:"不穿鞋就下地,会把袜子弄脏。"

第三课
七种"爱的表达"消融沟通障碍

在与孩子的想法和做法发生冲突的时候,陈小春没有因为"我是爸爸,我怎么会错"而压制孩子,相反,他放低身段,及时认错,以此来补救父子关系。

有担当的父母,才能培养出有责任心的孩子。

我们不应该让孩子认为父母可以为所欲为,孩子必须什么事都要听父母的。那样的话,他们就会怀疑自己的评价标准,从而怀疑自己的价值观。所以,为了孩子的健康成长,即使是父母,做错事情也应该向孩子道歉。

在《爸爸去哪儿》第五季的节目中,Jasper实力"圈粉",除了因为他可爱,更因为很多人喜欢他良好的家教。他做错事情会主动认错,更难得的是他小小年纪不蛮横、不娇气,且非常有责任心。

可想而知,他良好的品行在很大程度上源自陈小春的言传身教——敢于向儿子道歉:"爸爸错了,对不起。"这样的道歉,可以让孩子意识到父母不是完美的,他们也会做错事。

"养育,让我们遇见了更好的自己",所以我们想要培养出什么样的孩子,首先自己要成为什么样的人。

有一次,我在商场的洗手间看到一位妈妈把水流放得很大,一边给孩子洗手,一边洗手帕,弄得水池、地面到处都是水。看到有人进来后,妈妈对孩子说:"哎哟,地上都是水,快走快走,一会儿保洁员阿姨要骂了。"妈妈牵着孩子的手很快就溜走了,留下地上一片狼藉,如果此时有穿高跟鞋的人经过,会很容易滑倒。

无独有偶,有一次在地铁站台上我见到一位妈妈带着孩子等地铁。孩子喝水时，因为杯盖有点儿紧，拧开盖时水洒在了地上。妈妈笑着对孩子说："不好意思，我把地弄脏了。地上有小花脸了，咱们把它擦干净吧，不然小朋友会摔倒的。"于是妈妈拿了纸巾蹲下去擦地板，孩子说："我也来帮忙。"于是，母女俩有说有笑地擦着地板。

对孩子来说，父母的言语和行为无疑是他们成长道路上的标杆。如果父母选择逃避责任，孩子会变成没有责任感的人。但是事物都有两面性，如果父母无原则地说"对不起"，不仅不会为孩子树立榜样，还会让孩子感觉"这都是爸爸妈妈的错，和我没有关系"，从而变得骄傲、蛮横、无礼。

我曾教过一个六岁的小男孩儿。在家里，他每天都会声嘶力竭地大嚷。有一次，妈妈让他写作业："你赶紧写作业，写不完，明天老师会批评你。"孩子回应说："你先给我抄个字头，这样我才能写好。"安静数秒之后，儿子高喊："都怪你，你把我的作业本弄破了。"然后发出哇哇的哭声。妈妈不停地说："对不起，对不起，都是我不小心，铅笔断了，所以划了个洞。"

孩子不依不饶："我不管，我不管，你把本子弄破了，你就要负责，作业我没法儿写了。"

"儿子，你别闹，妈妈给你拿个新本子好吗？妈妈不是故意的。"

"不行！作业本不能换，换了老师会批评我。都怪你，你要把前边的作业都写了，我再写。"

"好，好，我帮你把前边的作业都写了。你别嚷了，是妈妈错了，妈妈向你道歉，可以了吧？"

孩子开心地看起了电视，而妈妈在替儿子写作业。

第三课
七种 "爱的表达" 消融沟通障碍

这样的"对不起"是多么廉价。对于孩子来说,妈妈口中的"对不起"就是在替他遮掩错误。写作业原本就是孩子的任务,父母答应给他写字头,本身就是不正确的做法。父母在替孩子写作业的过程中,因为出现失误而给孩子道歉,就更是错上加错,这对孩子的行为养成没有任何帮助,这样的道歉只会让父母更加没有引导力和说服力。

在孩子成长的过程中,教孩子认识"尊重"这两个字并不简单,因为尊重的范围很广,我们只能在每一件小事中让孩子体会尊重的含义。对孩子道歉,不仅应当是对孩子的一种尊重,更应当是对自己的一种尊重,也应当是对自己教育方式的一种尊重。

王老师的小秘籍

用正确的方式对孩子说"对不起"

(1)向孩子道歉,不是为了让父母心安理得,不是为了防止孩子不喜欢自己,而是要深入考虑相应事件会给孩子带来什么影响。如果是负面影响,这种道歉就必须停止。表达歉意的合适做法是:在心平气和时,和孩子一起"复盘",告诉孩子他的表现在我们心中会产生什么感受,也让孩子知道正确的处理方法;同时告诉孩子自己当时为什么会那么做或者要求孩子那么做的理由,然后在这个过程中将自己的歉意自然地表达给孩子。

（2）认为"道歉就是言传身教，父母道歉才会让孩子知错就改"也是不对的。其实，这恰恰表明父母对孩子的认知和思维方式是不了解的。道歉与否，没有绝对的对与错，但如果用的地方、时间和对象不恰当，那就是错的。

（3）道歉不可代替父母对错误的分析和对孩子的正确引导。每个孩子的成长都是一个犯错的过程，孩子需要通过犯错去摸清自己的边界，学习与外界交往。在孩子犯错时，父母最应该做的事情是教给孩子怎么面对和处理相应的事情，同时让孩子了解，在互动过程中，各种举动都可能引起别人的反应。这样孩子才能不断学习到如何正确做事和与人交往的方式。父母不能用简单的"道歉"就省掉了那些应该有的心思。

3.5 掌控自己的情绪，让孩子自由表达

"幸运的人一生都被童年治愈，不幸的人却要用一生去治愈童年。"

近几年来，越来越多的人开始意识到原生家庭的重要性。那个本应成为孩子心中拥有最温暖记忆的地方，如果总是阴晴不定，也会给孩子的心灵带来巨大的风浪。

我曾经带过的一个学生，上小学六年级时，因为成绩很不理想（处于及格线的边缘），她妈妈找到我说："我也不想发脾气，但是看到她糟糕的成绩，我就控制不住想骂她，可是骂完之后，我自己更难受、更愧疚！"

我开始做母亲的头几年，也有过这样极端的情绪体验。孩子听话、乖巧的时候，他就是世界上最可爱的天使，把他抱在怀里怎么亲也亲不够；可一旦孩子犯起"熊"来，我又会控制不住地抓狂。待发泄完了，平静之后，我却陷入了深深的自责当中。

有一天，我又因为孩子没有把玩具收好，歇斯底里地发脾气，孩子被吓得哇哇大哭。我心里更加烦躁，大声咆哮着："别哭了，以后你再这么不听话，就把你送到姥姥家去，再也不要你了！"

没想到，孩子真的被吓住了，哭着过来抱着我说："妈妈，都是我不好，

我惹妈妈生气了，妈妈别不要我。"一瞬间，我的眼泪流了下来，跟孩子一起抱头痛哭，心里充满了后悔。

之后的几天里，孩子都表现得异常乖巧，但就是一刻都不能离开我，直到晚上睡觉的时候，他还要搂着我的脖子才能睡着，就连说话的声音也变得怯怯的，这让我心疼不已。

这件事以后，我开始反思：对孩子而言，父母是他们在这个世界上最亲近、最值得信赖的人。如果父母不能很好地控制自己的情绪，就会成为孩子与世界建立信任的障碍。父母们是不是可以换一种方式跟孩子沟通？

我们与他人沟通时，只有30%的内容是真正有用的，剩下70%都是情绪的释放。很多时候，我们深陷在情境之中，根本意识不到自己的情绪。谈话不顺畅时，我们内心有了愤怒感，就会不自觉地带着情绪去说话，脸红脖子粗地去表达，最终导致问题越来越严重，双方的关系也变得越来越恶化。所以，情绪化的沟通是一种不成熟的心理表现。

中国少年研究中心在全国范围内对一千多个普通未成年人进行了调查，发现在家里"经常被骂"的孩子不良性格特点最为明显：25.7%的孩子自卑，22.1%的孩子冷酷，56.5%的孩子暴躁。

而中国教育科学研究院发布的《家庭教育状况调查报告》则显示：父母关注孩子健康与安全的占65.95%，关注孩子成绩的占53.58%，而对孩子的兴趣爱好、现实因素、性格养成等发展性因素的关注度则很低，其中，对情绪的关注程度最低，仅占11.93%。

第三课
七种"爱的表达"消融沟通障碍

青少年心理研究中有一个术语——"强迫性重复",是指一些人似乎故意用各种各样的方式让自己重复经历类似的痛苦。比如在单亲家庭中长大的孩子,长大后更容易离开自己的伴侣;小时候经常被父母毒打的孩子,长大后会更倾向于虐待自己的孩子;在情绪化家庭中长大的人,会缺乏控制自己情绪的能力……

我们常常在自己身上发现父母的影子。我们的一言一行、为人处世方式、说话方式都会给孩子留下无形的影响,比后天任何学习的东西都要牢固。我们说一句不太好的话,我们今天怎么对待孩子,在未来他可能也会用同样的方式管教自己的孩子。

为了与孩子重新建立信任关系,让他愿意自由地表达自己的内心世界和情感世界,父母们需要先收起自己的情绪,做好情绪的操控者。对孩子而言,父母怎么说远比说什么更重要。

大声的辱骂不会改变事情的结果,只会让孩子把注意力从问题转移到家长的情绪上,从而让问题变得更糟。虽然埋怨和责罚孩子能在短时间内让他服从,但却更可能从此关闭了他表达的欲望。

我开始学着控制自己的情绪,特别想要发火的时候,我都会先试着深呼吸,让自己平静下来,先让孩子讲讲自己那么做的理由。如果听完他的借口我还是忍不了发火,我会让孩子的爸爸帮忙,自己先"逃离"现场。等自己情绪平复了,再回去与孩子沟通。

我还学会了用游戏的方式跟孩子玩儿大扫除的角色扮演游戏,让他做妈妈,我做孩子。我一直乱丢东西,而他要不停地为我收拾烂摊子。儿子无奈地"训斥"我："你不可以再乱丢东西了！"想不到这样换位思考的游戏让儿子从第二天开始就养成了自己整理玩具的习惯。

作为成年人，家长有驾驭自己情绪的本领，在孩子面前有操控自己情绪的能力，身体力行是父母能够为孩子做出的最好示范。

3.6 父母高情商，孩子才能会说话

随着"高分低能"一词的出现，越来越多的家长开始意识到孩子情商培养的重要性。从小处来说，高情商的孩子人缘好，经常是孩子群里的明星人物；从大处来说，高情商的孩子也更容易获得人生中的成功。

然而，孩子智商怎么样，通过学习成绩还能略知一二，但孩子的情商如何，应该从哪里判断呢？答案就隐藏在孩子的言语和行为之中。

有一次，我在商场里遇见一对母女，女孩儿穿一件粉裙子，大约五六岁的年纪，长得非常可爱，但她吸引我注意到她的原因却是她的声音。只要有人经过她的身边，她就会大声对那个人品头论足："这个人真胖！""这件衣服真难看！"……引得路人频频侧目。女孩儿身边的家长也非常尴尬，赶紧制止女儿，快步离开。

没过多久，我又在一个转角处遇见了这对母女，那女孩儿正拉着妈妈看一条橱窗里的裙子。她大声说："妈妈，我要买这个。"妈妈凑过去看了一眼标价，不知是不是太贵的缘故，马上转身拉着孩子离开。妈妈边走边说："不买，又难看又俗气。"没想到，小女孩儿不干了，赖在地上不依不饶："你才难看，你才难看，我就要这个！"

这场小小的闹剧吸引了很多人驻足，不少人说，是小女孩儿太不懂事了。但是，我却觉得这位母亲的做法也非常不妥。

面对女儿想买衣服的心理诉求，这位母亲没有说出真实的拒绝原因，而是用非常生硬、无理的语言直接回绝，不仅没有安抚，反而伤害了孩子的自尊心，激起孩子更激烈的反抗，使她更坚持自己原有的选择。

如果这个时候，那位妈妈能换一种说法，例如："这件裙子很漂亮，你很有眼光。但是这个颜色并不适合你这个年纪，咱们再看看别的好不好？"如此一来，女儿也许会更容易接受妈妈的建议。

孩子的世界犹如一张白纸，当父母们指责孩子"情商低""不会说话""笨""不经大脑"的时候，有没有想过：自己在这张白纸上留下了什么样的印记呢？

如果父母在孩子面前经常说低情商的话，就会为孩子营造一种糟糕的语言环境，会对孩子的语言发展产生极大的副作用。作为父母，不论是和他人交流，还是直接与孩子交流，都要想一想话该用什么样的方式说，话说了有没有意义。只有父母说话经过大脑，做高情商的人，孩子才会模仿父母的说话方式，提高表达能力，成为同样高情商的人。

朋友晓青就是这样一个高情商的典范，她六岁的女儿小豆芽从小就特别乖巧懂事。记得有一次我去她家做客，一进门就看见满脸泪痕的小豆芽。一问才知道，原来是她养的小鸡不小心被雨淋到，生病死了。

如果是比较粗心的家长，在使尽浑身解数依然无法安抚孩子情绪的情况下，可能会比较直接地说："别哭了，再给你买一只。"或者说："死都

第三课
七种"爱的表达"消融沟通障碍

死了,哭有什么用?"以此漠视、压抑孩子的情绪。孩子的情绪得不到疏解而不断地累积,百害而无一利。但高情商的家长,会利用这样的机会帮助孩子认识情绪、疏解情绪,最终达到帮助孩子表达自己情感的目的。他们让孩子知道,人有情绪是正常的,情绪可以被了解和疏导,这并不是什么丢人的事情。孩子也可以借此机会发展情感智慧,这对其未来的人生大有裨益。

对于"小鸡事件",晓青是怎么处理的呢?只见她轻轻地把孩子拉到身边,问道:"你的小鸡死了,你特别伤心对不对?"孩子点点头,说:"嗯,妈妈,我觉得特别伤心。"晓青又问:"你是不是觉得自己没有照顾好它就像失去了一个好朋友一样呢?"小豆芽又点点头。晓青用手轻轻拍了拍孩子的肩膀,说:"妈妈知道你特别难过,我小时候也养过一个宠物,它死的时候我哭了好几天。"

小豆芽睁大了眼睛,似乎很理解妈妈的感受,也用手拍拍妈妈的肩膀,说:"妈妈,你肯定特别伤心。"两个人你一言我一语,交流起失去宠物的情感体会。小豆芽在妈妈的带领下,慢慢接受了小鸡已经离开的事实,停止了哭泣。

在这件事情中,晓青运用了富有感情的词汇和温暖的肢体动作鼓励孩子更明确地表达自己的情绪。我相信,如果以后孩子再遇到同样的事情,会用同样的方式与别人共情。孩子长大后,也会像妈妈一样,成为一个高情商的人。

王老师的小秘籍

高情商父母的语言技巧

（1）伤人的话不说。"好言如沐春风，恶语恰似利刃"，要培养孩子良好的语言表达习惯，首先父母就要学会宽容，不对他人说具有人身攻击意味的话语，用善良包裹语言，用谅解开启谈话。

（2）强调自我的话不说。在聊天的过程中，我们往往愿意成为谈话的主角，下意识地使用"我认为""我觉得""我告诉你"这样的语句。这种把"我"放在前面的表达方式，会让人觉得你以自我为中心，高高在上，难以亲近。而父母在孩子面前说话的时候，更喜欢强调"妈妈告诉你""爸爸教给你"等。要想让孩子不变成语言强势的人，父母们就需要多使用"你觉得""你先说""听听你的意见"之类的表述，这会让孩子学会尊重他人、换位思考。

（3）和颜悦色地说话。语言是交流的工具，但在话语之外，与人沟通的效果也与我们的表情有着千丝万缕的联系。一个不会笑的人，永远不能让别人亲近。当我们板起面孔说话时，就会给孩子带来一种紧张感；当我们时常把微笑挂在脸上，就会让孩子成为你的忠实听众。

（4）不抢着说话。经常有人在别人话还没说完时就迫不及待地打断对方，自己提前"上场"了。为什么有些人不能听完再说呢？让别人把话说完，是为他人考虑的思维习惯。不管是倾诉、交流还是讨论，都是一方说、一方听。听完再说既照顾说话者的情绪，让别人的情感得到释放，也会让自己的理解更加全面和完整，赢得别人的尊重。而在亲子关系中，父母在与孩子讲话时总习惯于"我是父母，你要多听我说"的思维方式，忽略倾听孩子表达的重要性，长此以往，孩子学会了抢着说话，成为交流中的"小恶霸"。

（5）没有思考过的话不说。写书面报告时，我们总会左思右想琢磨措辞；向领导汇报时，我们也会反复斟酌用词。培养孩子说话能力也是一样，父母不能想说什么就说什么，而应注重所表达的思想内容，让孩子清楚你的思维逻辑，从小训练孩子"先思考，后表达"的语言习惯。任何习惯的养成都需要长期的训练，让孩子先思后讲更需要父母长期用心地训练，这样孩子说话才会有高情商。

3.7 用角色扮演激发孩子的语言想象力

在学校,我经常对学生们说一句话:学习没有捷径,只有多学多练,才能取得好成绩。这个道理不仅体现在学习上,在说话训练上也一样适用。

二至六岁是开发孩子语言能力的最佳时间,如果这一时期没有给予孩子充分表达的机会,孩子的语言能力就会受到影响。

因此,提高孩子语言表达能力的关键就在于为孩子提供想说、敢说、喜欢说、有机会说的环境。作为父母,不仅要在生活中鼓励孩子敢于表达,更要给他们搭建表达的平台,最大限度地让孩子在自由表达的过程中享受语言倾诉给他们带来的愉悦感。

思悦是我朋友中最早结婚生子的一个。即使儿子凯凯出生了,她仍然没有适应母亲的角色;好不容易熬到孩子断奶,照顾儿子的重担就全部落在了外婆身上。

外婆没有别的缺点,她最大的爱好就是打麻将。为了保证这段时间外孙的安全,思悦的母亲特意腾出一间房,还给孩子买了一堆玩具,在地上安装了防护垫。小家伙儿的性格比较乖巧,也很配合外婆的"工作",只要外婆上了麻将桌,凯凯就自己跟自己玩儿,两三个小时都不会捣乱。

第三课
七种"爱的表达"消融沟通障碍

思悦的儿子和她姐姐的女儿几乎是同时出生的，外甥女由孩子的奶奶照顾。孩子奶奶的工作是照看自己家里的报摊，每天早晨卖晨报，下午3点开始卖晚报。这一早一晚上下班高峰期，姐姐的女儿都在奶奶身边。小家伙似乎天生就是做生意的料，一岁多刚刚会走路，她就会自己喊"《晚报》《晚报》""《新华时报》《北京晚报》五角"这样比较复杂的句子了。

两个孩子平时不在一起，看不出什么差别。但等到过年大家聚会的时候，思悦觉得有点儿不对劲：明明两个孩子年龄差不多，但给外公外婆拜年时，姐姐的孩子可以说出很多吉祥话：万寿无疆、幸福安康、身体健康……而自己的儿子却结结巴巴地连一个整句都说不清楚，只是一个词一个词地往外蹦。

虽说男孩子语言能力的发展相对女孩子要迟缓些，但也不至于有这样明显的差距。问题的关键是孩子的语言环境。

思悦的儿子几乎每天都待在相对封闭的场所，只和玩具打交道，语言训练的机会很少；而她姐姐的孩子，在一个语言开放的环境中，面对的是来来往往的顾客，每天都有和不同的人打交道的机会，她的语言锻炼机会要远远多于思悦的儿子，所以两个孩子在语言发展的初期就出现了明显的差别。

二至六岁也是孩子语言的爆发期，这时候，他们不仅愿意和别人交流，而且对新的名词会产生强烈的兴趣，也喜欢自己寻找交流的机会。所以，要想让孩子成为愿意表达的人，我们必须为孩子创造可以表达的情境。

跟思悦沟通后，我教给她一个办法——利用角色扮演来激发孩子的语言想象力。

凯凯虽说是男孩子，但对毛绒娃娃却出奇地感兴趣。每天洗完澡，凯凯就开始摆弄他的四个娃娃，学着妈妈铺床的动作，让几个娃娃平躺在他的小床上，并按照从小到大的顺序将它们放好。

这个时候，思悦就按照我教给她的方法，不仅主动加入到孩子的游戏中，还和他一起分配角色，跟毛绒玩具聊天。

"宝宝，大熊今天是不是没有好好上音乐课呀？"

"妈妈，今天大熊没有音乐课，所以他不会唱。"这时，凯凯就会把幼儿园发生的一些事情转嫁到毛绒玩具身上。但是如果妈妈直接问凯凯当天幼儿园发生了什么，凯凯就一字不答，或者说"不知道"。

"你问问兔子妹妹，今天为什么没有好好吃饭呀？"

"兔妹妹，你今天为什么不好好吃饭呀？是不是因为今天的粥糖少了，你不爱吃呢？"

在一边的妈妈就会严肃地说："宝宝，你要告诉兔子妹妹，不能吃太多糖，小朋友和大人都要少吃糖，吃多了不仅身体会变胖，而且还会得很多疾病。"

"兔妹妹，明天你要听话呀，要好好吃饭呀。"

……

通过这样的练习，凯凯的语言表达能力很快就有了进步。妈妈不仅利用他和玩偶交谈的机会引发他表达的兴趣，还通过玩偶和儿子进行会话，帮助他丰富自己的语言，提高自己语言的逻辑性，提升他对一些事物的判断能力，让他养成良好的学习和生活习惯。

从孩子的角度来说，用孩子喜欢的方式和其进行谈话，能够充分降低孩子的恐慌感，让他们把自己想说和能说的话都说出来。

环境宽松固然重要，但对于语言本身，态度宽容就更为重要。小孩子在语言发展的初期出现语言混乱、词不达意的情况很正常，有时候是因为一时思路不畅，找不到合适的词语来表达，还有的时候是因为小孩子的注意力集中时间短，容易出现"急拐弯"的情况，问题和答案不能统一起来，让人听起来混沌一片。

但是我们要记得"童言无忌"，孩子犯错误是他们学习道路上的必经之路，这是他们的特点。父母并不需要纠正孩子的错误，只要他们想说，就让他们自由畅谈。父母只要保持脸上的微笑、口中的赞美，神态和蔼，帮助孩子放下包袱、排除困惑，避免他们变得胆怯，就是对他们最好的引导和教育了。

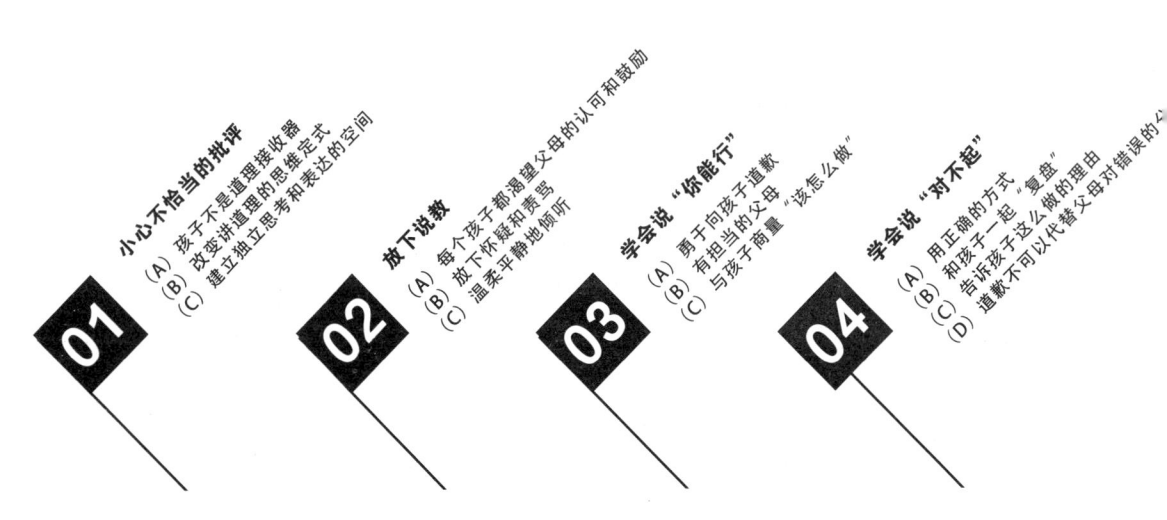

01 小心不恰当的批评
(A) 孩子不是道理接收器
(B) 改变讲道理的思维定式
(C) 建立独立思考和表达的空间

02 放下说教
(A) 每个孩子都渴望父母的认可和鼓励
(B) 放下怀疑和责骂
(C) 温柔平静地倾听

03 学会说"你能行"
(A) 勇于向孩子道歉
(B) 有担当的父母
(C) 与孩子商量"该怎么做"

04 学会说"对不起"
(A) 用正确的方式"复盘"
(B) 和孩子一起"复盘"
(C) 告诉孩子这么做的理由
(D) 道歉不可以代替父母对错误的✗

第三课
七种"爱的表达"消融沟通障碍

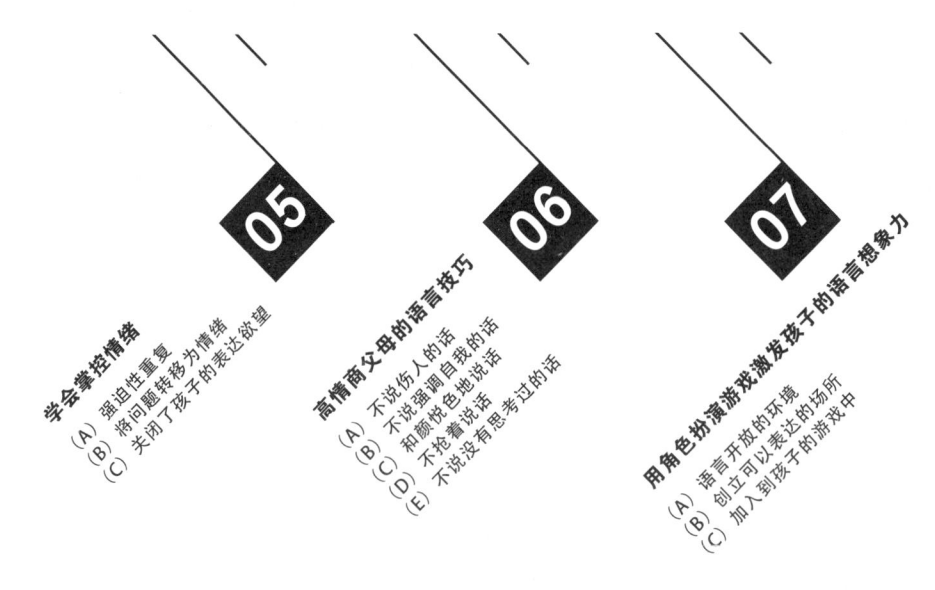

05 学会掌控情绪
(A) 强迫性重复
(B) 将问题转移为情绪
(C) 关闭了孩子的表达欲望

06 高情商父母的语言技巧
(A) 不说伤人的话
(B) 不说强调自我的话
(C) 和颜悦色地说话
(D) 不抢着说话
(E) 不说没有思考过的话

07 用角色扮演游戏激发孩子的语言想象力
(A) 语言开放的环境
(B) 创立可以表达的场所
(C) 加入到孩子的游戏中

第四课

会说话，
轻松建立孩子的
自信心

4.1 自信不在声高

孩子热爱表达是一件好事,但如果不分时间和地点大声喧哗,也会被认为是一种缺乏教养的表现。

几年前,我去法国巴黎旅行,在坐地铁去酒店的路上,我注意到一个现象:地铁车厢里安静得出奇!甚至当地铁车厢门在我面前打开的时候,我还以为是空车。车厢内的人并不少,但所有人都严格控制着自己说话的音量。

在我旁边坐着一对情侣,如果不用心倾听,根本无法发现他们正在交谈。列车伴随轨道的轰鸣声前进着,但他们两位的对话声却远低于车轨发出的声音,近乎耳语。

在后来旅行的十几天里,这样的情景随时都在上演:餐馆里座无虚席,却只能听到杯盘刀叉撞击的声音;景区里,旅游者彼此面带微笑地交流,却听不到他们的喧哗;博物馆里,讲解员用话筒讲解,声音却远低于我们在街头见面时的问好声。

这样的环境,让我觉得舒服而安逸,没有被迫听别人的"隐私"带来的困扰,更没有喧嚷声带来的焦躁。安静舒适的感觉充满了我的内心:

第四课
会说话，轻松建立孩子的自信心

低声说话不仅给自己带来了轻松感，也为周边的人带来了舒适。

有一位外国友人问我："为什么中国的大街上很多人都在吵架？"当时我还觉得困惑，如今回想起来，我们身边还真是无时无刻不被各种声音围绕：去餐馆吃饭，仿佛必须要嚷着说话；在办公室，也很难找到一个安静的角落，更不要说商场、早市、车厢这样人群扎堆的地方了，难道是中国人天生嗓门大、爱热闹吗？

日本某刊物曾做过一组用噪音测定仪在街头测试不同国家的人嗓音高低的实验，测定对象为中国人、日本人和其他国家的人，测试场所选在汇集各国游客的东京新宿舞伎町。

测试结果显示，中国人在量贩店说话的音量为76分贝，与日本环境省制定的城市噪音基准（注：日本环境省制定的城市噪音标准为白天70分贝以下）并未相差太多；但中国人在国内说话的音量却平均为80分贝，最高达100分贝，比在日本时说话的声音明显高出很多。在仅有日本人的餐厅中，日本人说话的音量为60分贝至70分贝；在中国游客居多的餐厅里，说话的音量在70分贝至80分贝之间，不过也不至于让人感到吵闹。

一名在日本居住了八年的中国人在接受采访时称："中国还是比日本热闹一些，每次从中国回日本，都能明显地感觉到自己的声音变大了。反之，隔很久再回中国的时候，就觉得自己的声音变小了。"

从这个调查结果我们可以看出，人说话声音的大小和说话方式受周围环境的影响非常大。这种影响不仅发生在大人身上，在孩子身上也体现得非常明显。

一位小学一年级的教师曾做过这样一个调查：

调查对象：本班的47名学生。

调查问题：我们为什么要大声说话？

调查结果：

我嗓门大，在家里一直这样说话。（7人）

别人都大声说话，我小声说，别人听不到。（22人）

我想让大家都听见，所以就大声说话。（12人）

我生气时就会大声说话。（6人）

很多人认为，小孩儿说话声音大，喜欢大喊大叫是天性使然，但从这份调查我们却可以发现，孩子喜欢大声说话并不是与生俱来的，而是受后天因素的影响。当然，也有的家长会认为，孩子说话声音大，是心理上自信的表现，总比一说话就和蚊子哼哼一样好得多。

实际上，这是父母们常有的一种错误认知——低声说话就等同于怯生或不敢说话。

"怯生"的意思是：孩子不敢当众说出自己想说的话，用躲避、低头等肢体语言来遮挡内心的害怕、顾虑，是属于不自信、没有勇气的交流方式。而大胆地表达，并不意味着大声叫嚷。心理学专家研究发现，说话音量低更容易获得别人的尊重和信任。如果你要请一个人帮忙处理一件事情，用不同的声调说话会收到不同的效果。用低声调说，更容易让人接受，因为低声调可以使人更理智、情绪更平和，同时也可以使对方抵触、逆反的心理防线有所松动，从而更有利于沟通。

第四课
会说话，轻松建立孩子的自信心

除此之外，长期生活在嘈杂喧闹的环境中还会影响我们的身心健康。有科学研究表明，我们每次高声说话，都会对身体产生一定的刺激，甚至诱发一系列潜在疾病。在家里孩子说话声音大一点儿，你不觉得有什么；在公园里，三五个孩子互相追逐、高声叫嚷，你也觉得这很正常。但在学校里，几十个孩子被封闭在几十平方米的空间内，他们近距离地相互影响，其结果大家可想而知。

在我教过的学生中，曾经有一个转学过来的学生，每次说话都特别轻声细语。在欢迎新同学的班会上，一个学生站起来说他对新同学的印象："老师，我觉得她胆小，总是低声说话。"

"是吗？"我趁机问道，"那你觉得是高声说话好，还是低声说话好？"

他想了想，说："高声说话好，因为这样大家都听得清楚，妈妈也说声音大有自信。"

"有道理，那你觉得新来的同学说话，你听得清楚吗？"

"也很清楚，上课他发言的时候，大家都不出声，都用心听。可是，我们以前大声回答问题的时候，总有同学在底下小声嘀咕。老师就会说：'别说话，认真听着。'好奇怪哦，新来的同学说话的时候，老师就不用这么说了。"

"是吗？那你觉得是让老师强调纪律好，还是大家主动安静听着好？"

"老师不说话好。"他若有所思，几秒钟后，他继续说，"其实说话只要让别人听到就好了，大家都大声说，反而什么也听不到。"

我听到这里笑了起来："同学们，他说的有道理吗？你们认为说话应该声音大，还是声音小呢？"此刻，同学们都纷纷表示，说话只要让对方听到就好了，不一定非要大声嚷嚷。从那以后，课堂上果然安静了很多。

孩子才刚接触到这种新的说话模式，便能感受到它的好处，并且要改变自己大声嚷的说话习惯，这是非常难得的。其实，所有的孩子都希望做完美的人，哪怕是说话这么点儿小事也想做到最好，只是我们没有告诉他们什么是最好的说话方式。

说话是一门艺术，如果你想要孩子变成一个高情商的人，不如从帮他控制说话音量开始，让孩子学会在不同场合用合理的方式表达自己的诉求。

王老师的小秘籍

孩子总喜欢大声叫喊怎么办

（1）我们在给孩子选择玩伴、选择活动空间时，要尽可能地进行引导，为他们营造良好的语言发展环境。比如，夏天的时候，人们喜欢到夜市畅饮啤酒，大部分人都处于亢奋的状态，这种嘈杂的环境就不利于孩子养成良好的说话习惯。

（2）很多妈妈都喜欢逛街，和摊贩讨价还价时说着说着就会提高音调，这样的情况也要避免孩子在场。孩子的活动场所最好是开放的、噪音低的地方，只有在潜移默化的影响中，孩子才能形成良好的素质。

（3）我们要及时纠正孩子。孩子情绪不好时，常常会高声发泄自己的情绪。他们在发泄时，父母做什么都是徒劳的；但是当他们发泄后，

第四课
会说话，轻松建立孩子的自信心

我们一定要告诉他们，那样歇斯底里地大声咆哮是错误的。当孩子说话声音不断攀高时，我们要随时提醒他："声音可以降低点儿吗？这样不太礼貌。"

（4）改变一个人的生活环境和生活方式需要长期坚持，我们首先要提醒自己，在家里尽可能低声说话。低声说话，会让听的人感觉舒服，不感觉烦躁。低声说话是礼仪的需要，是我们身体健康的需要，更是维持社会公德和社会发展的需要。

4.2 不说谎才有底气

从孩子学会说话开始,几乎所有的家长都会面临一个令他们感到头疼的问题,那就是孩子说谎。

不管是在学校丢了杯子,还是在家里打碎了花瓶,为了避免挨骂,有些孩子在干了错事、东窗事发之后,总是选择用拙劣的谎言来掩饰错误;即使被家长当场抓住,他们也会一口咬定"我不知道""不是我干的",把家长气得火冒三丈——"不是你还能是谁?""我都看见了,你还撒谎?"

很多家长觉得非常委屈:为什么自己天天教育孩子不说谎,他们就是不听呢?为了避免孩子染上说谎的恶习,父母或打或骂,想让孩子有所惧怕,然而,往往事与愿违,很多时候父母打骂得越厉害,孩子说谎的次数就越多。

我从前一位邻居的儿子军军,有段时间总是不停地打嗝,去医院检查才知道是幽门螺杆菌感染,需要吃一个月消炎药。大夫还特别强调,一个月中不能停药,一旦停了,就会形成抗药性,需要换浓度更强的药。刚开始时,妈妈每天都盯着孩子服药,一周多以后,孩子的症状得到了很好的缓解。军军提出自己每天会按时吃药,妈妈感觉甚是欣慰。又过

第四课
会说话，轻松建立孩子的自信心

了一周，妈妈在大扫除时，在沙发底下、桌子底下居然发现了很多药片，她把这些药片和军军吃的药进行了对比，确定是孩子吃的消炎药。

晚上军军放学回到家，妈妈拿出药片问他："这是怎么回事？"

军军一看事情败露，小手背在身后，眼泪开始簌簌地往下落，带着哭腔说："妈妈，我错了。我觉得自己病好了，所以把药藏起来了。"

"你是大夫吗？你没有听到大夫说这个药需要吃一个月吗？如果不按时吃，就需要吃对身体伤害更大的药。"

"我……知道，可是……我觉得……自己没有病了，吃药……也会伤害身体呀……"军军一边哭，一边讲述着自己的理由。

出于对儿子病情的担忧，妈妈一气之下打了军军。

美国著名儿童心理学家基·诺特在分析儿童说谎原因时说："说谎是儿童因为害怕说实话会挨骂而寻求的一个避难所。"

对于家长来说，要想解决孩子爱说谎的问题，就一定要明白孩子为什么会说谎。

从心理特点分析，孩子撒谎主要有以下几种原因。

第一个是安全需求。人们为了保护自己，往往可以不惜一切代价，当然包括撒谎。当医生要给一个三岁的儿童打针时，孩子会用手捂住屁股说："我没有屁股。""你没有屁股，那就打手吧。"医生说。孩子又会把手背到身后说："我也没有手。"这时，如果医生给他一些好吃的或者好玩儿的东西，他一定会用双手去接。其实孩子知道自己既有屁股也有手，但他怕疼，为了避免打针带来的疼痛，就说自己没有屁股和手。

第二个是自尊需求。小学时期正是一个人自我意识形成的重要阶段，所以这时的孩子自尊心很强。他们的自尊心主要表现在希望用自己的成绩来获得父母的赞赏，但他们有时候不能如愿取得好成绩，这时，他们就会通过撒谎来取悦父母。

第三个是虚荣心理。这是导致孩子撒谎最主要的原因之一。比如，好朋友的妈妈开了一辆宝马车，孩子就说他的爸爸开的也是宝马车，而事实并非如此。

第四个是模仿心理。这种心理对孩子成长的危害最大，而且这种原因导致的撒谎隐蔽性强，不容易暴露或被揭穿。孩子的模仿对象有同学、老师，还有父母，其中，父母是主要的模仿对象。比如孩子的妈妈身体很好，可为了出去办自己的事，就谎称自己有病，有时甚至开假诊断书。孩子在耳濡目染之下会如法炮制，甚至"技高一筹"。

最后是满足需求。有的孩子因为自己的需求通过正常途径得不到满足，便通过撒谎来求得满足。

以前面提到的军军为例，军军听到了妈妈和大夫的谈话，知道吃药会伤害身体，所以他不想吃药。但是他怕和妈妈沟通，因为妈妈会坚持遵守医嘱强迫他吃，所以他用说假话的方式欺骗妈妈，并且将要他吃的药藏了起来。

言行一致是良好人际关系的基础。然而，如果没有成年人的指导，孩子就无法自己理解这一关键问题。我们没有理由要求孩子通过本能、直觉、天生的道德感，或通过自己原始的思维推理能力，来明白言行一致的必

第四课
会说话，轻松建立孩子的自信心

要性。即使孩子明白了应该坚持这一准则，但是通过不间断地观察周围人使用语言的情况，孩子也会发现自己常常效仿的人言行并不一致，所以其头脑很快就会彻底混乱。

军军之所以会那样做，仅仅是因为他不想吃药，但他又不想让妈妈惩罚他。但是孩子没有能力分析，也不会考虑自己的行为会带来什么后果，更不知道自己行为的背后存在着哪些复杂的冲动。对于孩子来说，区分自己说的话什么时候必须与实际情况一致，什么时候可以体现自己的印象和想象，是十分复杂的问题。再深入一层说，在童年期，现实与想象的界限在孩子头脑中是非常模糊的。在孩子脑海里出现的景象，乃至某种欺骗性因素，它们可能来自孩子曾经亲眼目睹的事实，可能来自于另外一个人的转述，还可能就是幻想，甚至是梦想。孩子对头脑中的各种纠结或奇妙的感受、认知、想象和记忆，无法自动区分开来，需要父母不停地帮助他们区分，引导他们完成。

从这个角度来看，军军妈妈的做法是完全错误的。

如果孩子出现了撒谎的行为，父母一定要冷静下来，帮助孩子分析为什么错、错误的点在哪里，而不要立刻加以指责，以免将孩子逼入"不得不撒谎"的死胡同。

要帮助孩子消除对"说实话"这件事情的顾虑，给孩子创造一种敢于讲出真相的环境。例如，当妈妈发现军军撒谎时，可以对军军说："吃药是为了杀死身体里的细菌，让身体恢复健康。你也想病好之后可以吃很多好吃的，对不对？所以我们要听医生的话，不能再把药片藏起来了。

有问题可以直接跟妈妈说，妈妈不会怪你的。"

总之，没有哪个孩子是愿意说假话的，只要父母尽职尽责，通过合适的方法对孩子加以引导，孩子完全可以明白讲真话的重要性。

王老师的小秘籍

孩子撒谎屡教不改，父母应该怎么办？

（1）父母要以身作则。孩子撒谎，父母要进行自我反省，看一看是不是自己在某些方面做得不好，给孩子做出了不好的榜样。父母不撒谎，才能教育出诚实的好孩子，要知道"身教重于言教"。

（2）父母要平等地与孩子交流。父母一味居高临下地对待孩子，自然会加剧孩子的紧张感和恐惧心理。为了逃避责打，很多孩子唯一的办法就是撒谎。很多父母都忽视了这一点，没有做到与孩子平等交流，所以孩子逐渐养成了撒谎的习惯。

（3）父母一定要注意对孩子进行温情教育。对于撒谎的孩子，父母必须严肃指出其行为是错误的，并对孩子进行必要的批评，但这种批评绝不能是简单的打骂，而应该是动之以情、晓之以理的温情教育。

（4）父母要坚持对孩子进行正面教育。在孩子做人做事十分诚恳时，我们要注重奖励孩子。在日常生活中，父母要善于发现孩子的诚实之处并及时加以表扬，让孩子体会到诚实的人更受欢迎，爱撒谎则遭人厌恶。

4.3 用"需要"帮孩子建立责任感

在很多孩子的心中,爸爸妈妈是超人一样的存在——所向披靡,无所不能。在很多父母的心中,也总是把孩子当作需要保护、教导的对象。

在公园里,父母会跟孩子说:"天黑了,该回家了!"这样的语言就是命令,决定着孩子下一步的行动;在家里,父母常常会说:"我告诉过你,这样做是不对的!"这样的语言就是最终的决议,孩子必须无条件地服从。然而,这种程式化的东西真的是不可改变的吗?

儿子小的时候,特别喜欢跟我玩儿"过家家",而且每次都要给我指定角色——他当"医生",我当"病人";他当"老师",我当"学生";他当警察,我就要当"小偷"……这种亲子地位对调的游戏,让他每次都玩儿得特别开心。

当我注意到这种变化之后,便开始反思:为什么不试着将自己变小一点儿,将孩子放大一点儿呢?于是,我开始主动创造让孩子表现的机会。有一次,我们出去购物回来,刚走到小区门口,我就假装拿不动的样子,说:"宝贝,东西太多,妈妈拿不动了,你能不能帮妈妈拿一下呢?"孩子一听就马上精神起来,帮我一路把东西拎到了家门口。

走到家门口之后，我又对他说："妈妈现在拎着东西，钥匙在我兜里，你帮妈妈开门好不好？"孩子刚学会开门，正想表现表现，立刻满口答应，拿着钥匙在锁孔里转了好几圈，终于把门打开了。我立刻表现出很高兴的样子，说："宝贝，你真的太棒了，都会帮妈妈干活儿了，今天真要好好谢谢你呀！"

有了这次鼓励，孩子表现得非常自豪，晚上吃饭的时候，他一个劲儿地向爸爸描述自己的"丰功伟绩"。因为他觉得自己可以为别人带来帮助，是被人需要的，这让他找到了一种价值感，一种源源不断生长的力量。

特蕾莎修女曾经说过一句话："世界上最大的贫穷，是不被需要和没有爱。"

在人们的意识当中，不管什么时候，大人永远是大人，是命令者；孩子永远是孩子，是服从者。甚至从幼儿时期开始，孩子们就自然被赋予了这种角色。

然而，"全能家长"并不是完美的，就像在大树荫护下的小苗无法茁壮生长一样，在这种教育方式下成长起来的孩子，很容易变得具有依赖性和缺乏自信。因此，如何让孩子感到"被需要"，是建立孩子自信心的关键一环。

父母与其一直扮演超人的角色，不如主动放下完美父母的架子，试着向孩子求助，也许会发现惊喜。

有一年夏天，我在肯德基碰到一位朋友和她的女儿。因为人很多，朋友一边排队，一边对身后的女儿说："宝贝，能帮我一个忙吗？"

第四课
会说话，轻松建立孩子的自信心

孩子马上应声回答："可以。"

"太好了，你到二层看看有没有单独的桌子，我想和阿姨找个安静的地方聊一下，谢谢你！"

孩子听到妈妈的请求，像一只快乐的小鸟，轻快地走上二楼。很遗憾，二层人很多，小姑娘回到一层，妈妈还在排队。她靠近妈妈说："二层都满了，只有一层有空余的位子，可以吗？"同样是商量的口吻，那一瞬间，我深深地感受到这对母女之间的亲密和平等。

最后，我们终于找到了一个安静的角落。当食物送过来的时候，小桌子有点儿不够用了，妈妈再一次问女儿："宝贝，妈妈建议你坐到旁边的位子上，你会更自在些。因为我要和阿姨谈一些大人的话题，不太适合小朋友，可以吗？"

孩子看了看旁边的桌子，语气平静地说："可以啊，我可不可以边吃东西边看这本书？"

微笑、和谐、尊重、引导，这些词汇始终充斥于这对母女的谈话。当我们向孩子寻求帮助时，并不意味着我们搞不定某些事，而是这样做能够更好地激发孩子的责任心，让他们积极参与相关事情，感到自己是有价值的，感到自己是被尊重的，这会让他们更容易建立起责任感和自信心。

我们每个人生活在这个世界上，都需要被人关注、被他人需要，这是人类的基本心理需求，也是一个人自信的来源，孩子也同样如此。

善良是在帮助他人的过程中体现的，成长是在向他人提供帮助的一刹那完成的，爱心是在给予别人帮助中展现的。孩子需要我们的帮助，同样，我们也需要孩子们的帮助。然而，我们在与孩子交流的过程中却很少表达这一点，长此以往，孩子便同样不会在自己的语言体系中建立相应的概念。

因此，下一次，当你出去购物、在家里做家务或者跟孩子一起玩耍的时候，不妨主动邀请孩子一起加入，对他说一句："你可以帮我吗？"当孩子主动提供帮助时，也不要急着拒绝。在点点滴滴的互动中，让孩子感受到"被需要"，他的自信和情商就会在潜移默化的影响下得到塑造，他也就会成为一个快乐自信、乐于助人的阳光少年。

第四课
会说话，轻松建立孩子的自信心

4.4 用赞美和鼓励战胜焦虑与胆怯

有一次，朋友给我讲了一件她最近的烦心事。

原来，她的女儿小悦刚刚入学，因为性格比较内向，在学校里总是沉默寡言。刚开始，她并没有在意，觉得孩子嘛，刚进入新环境难免怕生，熟悉熟悉就好了。可没想到，有一次上课的时候，老师临时搞了次小测验。正巧小悦那天多喝了点儿水，很想去厕所。但是，同学们都在考试，怎么跟老师说呢？

小悦本来胆子就小，考试一紧张就更不敢说话了，直到最后尿了裤子，才被老师带去了厕所。在众目睽睽之下发生这么丢脸的事，小悦觉得非常难堪，说什么都不肯去学校了，在家里也是闷闷不乐的。

朋友急坏了，赶忙来找我给出个主意。她无奈地说："我真不明白她这一点像谁，怎么连句话都不敢跟老师说呢？"

其实，这并不是小悦一个人的问题，我在执教的这些年中遇到过很多像小悦这样的孩子，他们听话、懂事，但内心非常敏感、胆小，最典型的表现就是退缩、不敢说话，将自己排除在群体之外。

为什么会出现这种情况，难道是孩子天生胆小、怕生吗？

事实上，没有哪个孩子天生胆小、不敢说话。之所以会出现这样的问题，往往与父母的教育方式脱不了干系。

众所周知，模仿是孩子学习与发展的基础，也是孩子认识世界的重要方式之一。幼儿时期，由于积累词语很慢很少，再加上自身的思维不够完善，所以在语言表达的过程中，孩子很容易出现言之不清、让人抓不到重点等问题。

面对这种情况，有的父母对孩子的稚语呵呵一笑，也有急脾气的父母会把孩子赶到一边，厉声呵斥："说什么呢？想清楚了再说。"还有的父母则直接批评、指责孩子："说得前言不搭后语。"无论哪种做法，其实都是不合适的，都会让孩子在学习语言的过程中找不到自信和快乐。时间一久，孩子就会从心里放弃学习说话，认为自己不会说、说不好，甚至变成我们常说的"闷葫芦"。

我曾经的学生心语，是一个像小悦这样见人不敢说话的小女孩儿。为了让她交到朋友，她的妈妈想了很多办法，比如让她和小伙伴去郊游，把小伙伴请到家里做客，让他们吃饭的时候和心语聊天等等，但是都没起什么作用。不仅如此，自从上学后，心语的学习成绩一直很糟糕，特别是语文和英语，她读课文时很难读出一句完整的话，成绩基本徘徊在二十几分。为此，心语妈妈愁坏了，认为自己生了一个低能的孩子。

心语刚来到我班上的时候，为了让她尽快跟上学习进度，我经常给她"开小灶"，甚至把下节课的内容提前讲给她听。上课时，只要遇到心语刚刚学过的内容，我就会用目光鼓励心语。慢慢地，她开始尝试举手回

第四课
会说话，轻松建立孩子的自信心

答问题了，虽然声音还是小小的，但同学们都非常安静，耐心等待她把答案说完。等她回答完问题之后，我会大声对她进行鼓励："这个答案是老师听到的最好的答案，心语你真是太出色了。"

这样的鼓励式教学，慢慢为心语打开了说话的大门。每次只要我进了教室，心语就会拿着书主动找我提问，课上也放松很多，后来没有我的"特别关照"，她也能自己举手回答了。看到女儿的成绩有了起色，心语妈妈高兴地跑到学校对我表示感谢，并一再询问让女儿开口的秘诀。我说："赞美是每个人都愿意得到的，鼓励是最好的方法。"

因此，在了解了小悦的情况之后，我把这句话告诉给了好友。

在孩子学习语言的过程中，无论孩子说得清不清楚、父母听得明不明白，父母都应该向孩子展示出我们在很用心地倾听他说话，需要对他的表述给予肯定，哪怕没有听明白，也要告诉他："你说得很不错。"如果能鼓鼓掌，给孩子一个亲吻或拥抱，孩子说话的欲望就会更加强烈。

尤其在孩子刚到一个新环境时，不要给他太大压力，父母可以用温和的言语，鼓励他大胆说出自己内心的想法；当孩子遇到困难而不知如何进退的时候，父母可以鼓励孩子说出自己的困惑。父母心中再焦急，也不要急于否定孩子，只有让他们内心充满安全感，让他们知道即使自己说错了也没关系，才能让他们平静、充满乐趣地表达自己的想法和感受，勇敢地开口表达。

4.5 "重复"是活学活用的前提

任何学习都要经历从简单到复杂的过渡，这当然也包括孩子学习语言的过程。

从最初的几个月对自己的笑声产生兴趣，到一岁左右可以发出模糊的"爸"或"妈"的声音，再到两岁左右可以发出两个字的词语，及至后来能够说一个词组、短语、句子……孩子学习语言的过程，就像搭积木一样由少及多。

我经常在公园里看到这样的父母，他们怀里抱着几个月大的宝宝，看到柳树就会对孩子说："柳树，柳树，柳树……"尽管小宝宝根本不知道大人在说什么，但就像小学生听课一样，他会认真地听上几秒钟，然后调转脑袋去看别的东西。父母又会顺着孩子的目光，反复地说："鸭子，鸭子，鸭子……"

我们把孩子看到的东西，用字或者词来讲给孩子听，在反复强化中会增强孩子的记忆。我们可以对着玻璃中反射出来的影子指着孩子的小鼻子，告诉他"鼻子"；再指着镜子里他的小耳朵，告诉他"耳朵"……这种重复就是早期的说话训练。

第四课
会说话，轻松建立孩子的自信心

千万别觉得，反正孩子还小，说了孩子也听不懂。其实不然，二到六岁是孩子学习语言最敏感的时期。在这个阶段，孩子常常会带给大人很多惊喜，也许以前他们从未接触过的词汇，某一天会突然从他们口里冒出来。

有一次，我去参加家族定期聚会，四岁的琪琪作为席间最小的一员，为大家带来了很多乐趣。琪琪不仅嘴甜，还特别会哄人，在吃饭的时候，她会主动把一块鸭肉夹到最年长的奶奶的碗里，说："奶奶，这块是极好的鸭肉了！"

这句话立刻把大家逗得哈哈大笑，因为这显然是前段时间热播的电视剧里的一句台词，没想到孩子把它用到了这里。小孩子不知道大人在笑什么，又夹起一根芹菜放在爷爷的碗里，说："多吃蔬菜，身体是极好的了！"这回大人们更是笑得前仰后合。小姨逗她："还有什么是极好的呢？"聪明的琪琪似乎明白大家对哪个词感兴趣了，回答："琪琪也是极好的了。"一语既出，席间无人不被琪琪的话逗得开怀大笑。

琪琪也许并不懂"极好"这个词所具有的积极含义，然而当她突然发现大家对这个词产生了兴趣，甚至自己因为说出这个词得到表扬和夸赞时，就会更加大胆地使用它。家人的鼓励和赞美，让正处于语言发育期的琪琪得到了巨大的肯定，她一下子有了信心。特别是小姨的追问强化了"极好"这一词语的内涵，让琪琪理解了该词语积极的含义，从而乐于反复使用它。这种反复的强化，让孩子可以很快掌握并熟练使用陌生词语。从孩子六七个月大开始，父母就可以通过这种反复的语言强化帮助孩子学习、巩固在生活中接触到的新词汇。

简单的学习如此，复杂的学习亦如此。当孩子进入学校开始学习比较复杂的语言时，我们会发现，孩子虽然接触了足够多的语言，但他们还不能完全把这些语言转化为自己所用。无论是说话，还是写作，他们的词语都像"白开水"一般，很是匮乏。这个问题又出在哪里呢？

我的儿子在上小学二年级时，从课本中学到这样一句话："一片片树叶像一只只彩色的蝴蝶从树上飘落下来。"随后，儿子在日记中写道："今天妈妈带我去山里游玩，一路上山泉顺着山谷欢快地流着，唱响了秋日最动听的歌谣。一片片树叶，也伴着这动听的歌谣翩翩起舞，它们披挂着或是红色，或是黄色，或是黄红相间的颜色，像一只只美丽的蝴蝶一样飘落下来。"我当时很是不解：平时让孩子习作时多写些优美的好句可谓难上加难，可他为什么在日记里偏偏对这个比喻句记得清清楚楚，能够活学活用？而且我发现，不仅是写日记，他在写作业时也会使用这个比喻句。

后来，随着教学经验的增长，我才慢慢体会到，只有孩子感兴趣的语言，他们才会反复使用。如果我们把孩子接触的语言都变成他们可以理解的、能够看得见的内容，激发他们对语言的兴趣，他们就会反复地对语言进行模仿使用，并在这种反复中把某一个词语或某一句话内化为他们自己的语言。只有这种反复的练习，才会最终提高孩子的语言表达能力。

在孩子还弄不清大人语言的内涵的时候，最好的方法就是让孩子对照具体的事物反复训练。比如，我们在给孩子讲完"狐假虎威"的故事后，

第四课
会说话，轻松建立孩子的自信心

就可以给孩子创造一个使用这一成语的机会。比如，妈妈可以说："楼下的明明因为他爸爸长得很高大，就狐假虎威地欺负其他小朋友，这种行为是错的！"然后再启发孩子，问他："班上有没有同学也是狐假虎威的人呢？"对于新接触到的词语，孩子反复使用，他们就能运用自如。

　　作为成人，我们无法直接感受儿童学习语言的过程，但这其实可以类比我们学习外语的过程。我们一个单词一个单词地积累，词汇量就会越来越多，能表述的内容就越清晰。但也有很多人，虽然外语词汇量很大，却还是不能将所学词汇运用自如，其原因就是他们没有说外语的语境，缺乏反复使用新词汇的练习过程，也没有刻意地将所学单词连在一起运用在实际生活中。对儿童的语言学习来说，也是这样的。我们要想让孩子有条理地说话，就要从一开始给孩子提供多讲多练的机会。

4.6 细心观察，为孩子化解尴尬

虽然现在社交媒体越来越发达，但人与人见面的机会却越来越少。有不少人反映自己患上了"社交恐惧症"，一到人群中就会坐立不安，与不熟悉的人交流会消耗自己大量的精力。这种不愉快的社交体验，让很多人开始逃避社交。

不过，这并不是只有大人才有的烦恼，很多孩子也会因各种原因患上"社交恐惧症"。

有一次开家长会，一个学生家长向我反映，说自己的孩子最近有些奇怪，不爱说话，见人也特别冷漠。以前孩子是个"人来疯"，对谁都特别热情，但最近一段时间，不管谁来家里做客，他都把自己关在房间里，连招呼都不打。她越想越担心，怕孩子在学校遇到了什么事情，或者心理出现了什么问题，所以想向老师了解一下情况。

听她说完之后，我也一头雾水。仔细回想了一下，这个学生除了最近学习成绩稍微下降了一些，其他方面都挺正常的，跟同学关系也很好。于是，我只能据实回答："他在学校没什么异常表现，就是上次摸底考试发挥得不太理想。"

她妈妈露出了惊讶的表情，说："什么考试？我怎么不知道？"

第四课
会说话，轻松建立孩子的自信心

在了解了事情的原委之后，我大概明白了问题所在。原来，这个学生曾经在开学前跟家人夸下海口：下次考试一定得第一名。没想到考得成绩不理想，为了避免被人问起的尴尬，所以他才避门不出。家长有些哭笑不得地说："这个傻孩子，别看平时大大咧咧的，心还挺细。"

其实，这并不是孩子多么敏感心"细"，而是家长太粗心了。四至十一岁，正是孩子开始频繁与外界交流，与他人建立联系的关键时期。但这个年龄段的孩子还没有形成明确"边界感"的概念，不清楚哪些要求是过分的、哪些是正常的，和别人相处时哪些行为是合理的、哪些是不合理的。所以，当他们在与人交往中遇到障碍时，有时就会出现退缩行为。

如果父母对孩子的一些退缩行为（例如胆小、怕羞、冷漠等）视而不见，就有可能影响孩子社交和表达能力的进一步提高，长此以往，还可能会引发孩子的焦虑、抑郁甚至愤怒情绪，影响孩子的心理健康。

孩子和成人一样，也会在沟通中感到尴尬。上边所说这个学生之所以不愿去和客人打招呼，是因为他面对成绩问题不敢回答。孩子与成人身份的差异，造成了孩子在成人面前不愿表达。看到成人，他们会有一种羞涩或恐惧的感觉，要说什么、做什么让他们非常苦恼。

遇到这种情况，家长就需要主动打破僵局，为孩子搭建起沟通的桥梁。

有一次，我和儿子搭朋友的顺风车回家，正好朋友的女儿也在车上。因为是初次见面，她从我们一上车就一言不发，只乖巧地坐在旁边，车里一时间变得十分静默。朋友发现不太对劲，立刻回头对女儿说："宝贝儿，这是王莉阿姨。"

女孩儿腼腆地打招呼:"王阿姨好。"

"王阿姨的儿子今天也刚考完试。"朋友说。

"是吗?也是考数学吗?"女孩儿好奇地问。

我的儿子点头回答:"是,今天考了数学。"

"那应该比我们更难。妈妈你知道吗?今天数学考试的应用题真的有喝水问题,阿姨,你的孩子学过这类问题吗?"

"对不起,阿姨还真没有问过他学没学过。"我回答道。

也许是我"诚实"的回答让孩子一下子找不到继续聊天的乐趣,车里又安静了下来。机智的朋友再次打破僵局,问女儿:"今天喝水的问题你回答得怎么样啊?"

小姑娘听到妈妈的问话,说:"我最怕喝水问题!但还好,今天的考试题不涉及水没有喝完的情况。题目里只是说喝一杯水,一杯果珍。"

"是吗?估计我和王阿姨解答这种问题也会搞不清呢。你呢?你觉得今天考试难吗?"朋友露出好奇的样子,向我的儿子提问,把话题引到了他的身上,努力在两个孩子之间架起一座沟通的桥梁。

"我觉得今天的试卷不难,因为我们数学老师是最有经验的。"我的儿子回答。

"哦,你们老师经验丰富呀,这么难的题都能让你理得很顺,她是怎么做到的?"朋友顺着孩子的话赞美着老师。

儿子兴高采烈地介绍起他最喜欢的老师来,朋友的女儿终于和他谈了起来。一路上，两个小朋友聊得热火朝天，完全没有了陌生感和距离感。

不得不说，朋友是一个善于察言观色的高手。当她发现女儿和第一次见面的人有陌生感，不知道如何交流时，她先引导孩子向我问好，又在孩子之间架起了"阿姨的儿子今天也考数学"这座桥，让他们彼此之间有了聊天的话题。如果朋友没有这样的心思，一路上小姑娘就只会安静地在车里坐着，从而错过表达的机会。

在了解了孩子不爱说话的原因之后，前边所说那位学生的妈妈回家之后也学会了化解尴尬的办法。当下次有客人问起孩子的学习成绩时，她主动把话题接过去，说："考试成绩不能代表一切，要不然读成书呆子可就麻烦了。我上次去参加家长会，老师说他上次长跑比赛拿了第一名，很有体育天赋呢！"果然，孩子一听就兴奋起来，马上打开了话匣子。在客人走后，孩子还主动向妈妈坦白了隐瞒考试成绩的事情。

大人之间要成为朋友需要共同语言，孩子也同样如此。如果孩子加入大人的交流不合时宜，家长可以找个合适的理由让孩子离开，避免让孩子觉得不自在。只有先让尴尬的气氛消失，孩子才能勇敢地在大人面前表现自己，成为落落大方的好孩子。

王老师的小秘籍

孩子在外人面前不敢说话怎么办?

我们要让孩子在外人面前表现得体、敢于说话,需要注意以下几个方面:

(1)父母要确定谈话是否适合孩子在场。如果不适合,最好把孩子安排到其他地方,避免其坐立不安。

(2)父母要做交流环境的创建者。如果希望孩子参与大人的谈话,父母就要给孩子营造有利于交流的环境,给予孩子话语权,摒弃"大人说话,小孩子插嘴没礼貌"的旧观念。

(3)父母要做孩子谈话的"救兵"。在交流的过程中,父母应善于观察,随时做好"救援"准备。因为孩子的生活阅历少,父母要学会照顾孩子的感受,从孩子的视角考虑问题。

(4)父母要做孩子谈话的"润滑剂"。在交流过程中,父母要善于观察交流双方的状态,一旦发现孩子无话可说,父母就要给孩子以鼓励,帮助他们寻找新的话题。

4.7　勇气是对孩子勤于练习的奖赏

在工作中，我发现了一个很奇怪的现象：不少父母会将孩子不爱说话和没胆量联系起来，想方设法地逼孩子练胆子，这种想法真是大错特错。

我曾经教过一名四年级的学生，她的父母都是律师，在各自的工作岗位上都非常出色。尽管工作很忙，可他们还是没有疏忽对孩子的教育。从女儿出生开始，夫妻俩就制订了非常严密的教育计划，孩子每一天都要严格执行他们的计划。孩子非常乖巧，各方面都达到了他们的预期，荣誉证书收获了一大摞。在外人眼里，这个孩子就是一个天才。

进入四年级，到了传说中准备"小升初"的阶段，父母对孩子的学习抓得更紧了。无论是周测还是月考，孩子的成绩每一次都荣登班级榜首，期末考试更是双科班级第一。面对孩子取得的骄人成绩，爸爸妈妈真是喜从心生。

期末结业的最后一天，老师临时提出让班内成绩优秀的学生跟大家分享学习心得，并通过视频向全体家长播放。双科第一的这个女孩儿肯定是要第一个登上演讲台的。但没想到她面对老师的镜头却张口结舌，眼睛瞪得大大的。最后，老师只得让另外一个学生先讲，并跟女孩儿的父母解释说孩子这几天嗓子不舒服，所以讲不出声来。

放学后，妈妈迫不及待地询问孩子为什么不说话。孩子一脸无辜地望着妈妈。妈妈看到她的眼神，不再多问，只是坚定地搂住她的肩膀一起往家走。妈妈觉得，无论是什么原因，都不能让孩子的心灵留下阴影，因为这有可能让她从此惧怕在众人面前说话。也许她并不懂得，除了在考试和比赛中取得好成绩、获得证书可以证明自己优秀，在众人面前用语言把自己的优秀展现出来也是一种能力。

妈妈的做法是睿智的。当她启动汽车的瞬间，孩子怯生生地对她说："我害怕！害怕自己说得不对，不能得到老师和同学的表扬。"一瞬间，妈妈差点儿流出泪来，在心中谴责自己对孩子的要求太严格了，以至于让她觉得凡事都要做到尽善尽美，否则就会辜负父母的期望。家长过分严格导致当孩子碰到不能预见结果的事情时便心生恐惧。这种教育方式对孩子来说是多么地残忍。

妈妈停下刚刚启动的汽车，忍住泪水，控制自己的呼吸，温柔地对女儿说："宝贝，无论在什么情况下，你都是最优秀的。最终的评价其实不重要，重要的是你对自己的肯定、对自己的正确判断。相信自己能行，别人才会相信你可以。"女儿忽闪着一双大眼睛，说："妈妈，下次我一定勇敢地说出来。"妈妈欣慰地抚摸着她说："是的，我们只需要做最简单的事情，那就是勇敢地说出来。"

虽然女儿这么向妈妈保证了，但聪明的妈妈知道，勇敢讲话绝不是一句话就能做到的。因为勇气不是逼出来的，而是练出来的。女孩儿要克

第四课
会说话，轻松建立孩子的自信心

服自己的这个弱点，还需要走一段漫长的路。

接下来，妈妈放慢了让女儿参加"奥数"学习、参加舞蹈训练的步伐，开始陪伴女儿参加社区里的公益活动。在活动中，母女俩一起向社区居民宣传尊老爱幼美德，一起给过路的人发放公益宣传单，一起协助社区管理部门到各个家庭送爱心。妈妈还让女儿参加学校的演讲社团，每周都和女儿一起观看学校的演讲训练视频。每次看完女儿演讲，妈妈都会抱着女儿赞美她："你这次说得更自然，表现得更棒了。"

胆量不是先天就具有的，我们出生的时候，面对未知的世界都是惶恐的，所以新生儿才会哇哇大哭。但如果我们知道自己有潜力做很多事情，且它们远没有想得那么困难，心中便不再有那么多的恐惧，取而代之的是无限的勇气。

在众人面前说话其实是非常需要勇气和胆量的，而这种胆量也是最容易培养的。让孩子敢于开口说话，首先要给予他们说话的机会、说话的场合和说话的可能。

培养孩子说话能力是一件看似简单的事情，孩子说话的能力是通过不断地锻炼而获得的。

然而，生活中很多父母却本末倒置，不去锻炼孩子说话的能力，却非要逼迫他们具有说话的勇气。甚至有些家长会不顾孩子的意愿，强迫他们当众表演节目，或者逼他们去做一些他们不敢做、不愿意做的事情，还认为自己这样做是为了给孩子练胆，培养孩子的自信心。殊不知，这种行为不仅不会增强孩子的勇气，还是对孩子的一种不尊重。当孩子被逼着当众讲话、表演，而不是发自内心去享受相应过程的时候，他会从心里对表达产生一种排斥，甚至将之与很多负面情绪（如害怕、委屈、无助、惶恐等）联系起来，以后就更不爱讲话了。

所以，为孩子多创造说话的机会吧！因为也许有一天，正是这种量变引起了质变，让孩子拥有了敢于在公共场合说出自己想法的勇气，并在未来创造出无限的可能。

01 孩子总喜欢大声叫喊怎么办
(A) 远离嘈杂的环境
(B) 孩子发泄后,一定要指出大声咆哮是错误的
(C) 在家里尽可能低声说话

02 孩子撒谎的原因
(A) 安全需求
(B) 自尊需求
(C) 虚荣心理
(D) 模仿心理
(E) 满足需求

03 用"需要"为孩子建立责任感
(A) 放下完美父母的架子
(B) 向孩子求助
(C) 让孩子感受到"被需要"

04 战胜焦虑与胆怯
(A) 父母用心地倾听
(B) 鼓鼓掌,给孩子一个亲吻或拥抱
(C) 温和的言语让孩子内心充满安全感

第四课
用说话建立孩子的自信心

05 用大量的重复让孩子会学会用
(A) 给孩子提供多讲多练习的机会
(B) 孩子对自己感兴趣的语言才会反复使用
(C) 对照具体的事物反复训练

06 为孩子化解尴尬
(A) 建立联系的关键期
(B) 孩子也会在沟通中感到尴尬
(C) 父母要做"救兵"
(D) 父母要做"润滑剂"

07 勇气是对孩子勤于练习的奖赏
(A) 勇气不是逼出来的
(B) 锻炼孩子说话的能力
(C) 给孩子创造说话的场合

第五课

开启
非凡表达力的
八个小窍门

5.1 阅读是门槛最低的高贵生活方式

每个孩子都有天然的好奇心,他们从诞生开始,就有了探索这个世界的愿望。阅读,就是帮助他们认识这个世界的最佳工具,也是提高他们表达能力的社交利器。

我记得很清楚,做了一辈子初中语文老师的父亲曾对我说过一句话:"语文就是说话和写文章,说出来的是话,写出来的是文。"所以,说话和写文章实际是一回事。但现实中,我见过很多孩子说话滔滔不绝,却不会写文章;也见过很多孩子写文章行云流水,说话却结结巴巴。这难道说明父亲的理论错了吗?

直到我也做了多年老师,才慢慢发现,父亲的经验仍旧是正确的。

那些会说话但写作糟糕的孩子,不是他们不会写文章,而是学校里过多的条条框框一下子把他们框住了。此外,孩子惧怕老师手里的那支红笔,内心的顾虑也让他们不敢写文章。如果撤除这些要求、限制,他们一样可以"下笔如有神"。

而那些文章写得好却不敢说话的孩子,不是不会说话,而是内心装了太多的道理和学问,他们在说话时会更注重逻辑层次,所以不会轻易地

第五课
开启非凡表达力的八个小窍门

说话。如果你给足他们时间，他们说起话来也会头头是道。

阅读与表达之间联系密切，并不是一种偶然现象。

被人称为"十六岁诗词少女"的《中国诗词大会》三届擂主李子琳曾是我的学生。她从小就喜欢读书、写作，所写文章篇篇引经据典。她上小学四年级的时候，下笔即可谓才华横溢了。而且，她不仅写文章出色，演讲能力也是出类拔萃。无论是学校的演讲活动，还是学区的朗诵比赛，她都是个中翘楚。

为了进一步验证阅读和表达联系密切这一理论，我观察过很多爱读书的孩子，他们基本可以分为两大类。

第一类孩子的父母有较深的文化功底，他们长年保持着阅读的习惯，无论是专业书籍还是杂文闲谈书籍，都是他们的枕边书。有一位家长，他的儿子从初中到高中都是全学区前三名，他和我提起过，他的儿子从小就和他抢着看《读者》。

第二类孩子智力超群，情感丰富，他们脑子里总有一串"为什么"。当父母无法解答这些"为什么"的时候，就只能借助图书来寻找答案。我的一个学生是一位天文爱好者，他对天文的酷爱已经到了句句话不离天文的程度。和人一见面，他张嘴就是黑洞的由来、哪颗星星已有多少年的寿命、人类乘坐飞船需要多少年才可以到达什么地方……即使是再庞大的数字,他也记得清清楚楚。这些知识绝对不是从小学课本能学到的，而是来源于其他书籍。据他的妈妈说，他每天都要阅读一个小时天文方面的书，中文的看完了，就看英文的。

书籍可以帮助孩子提高理解能力和表达能力。有关调查显示，爱阅读的孩子，其理解能力和表达能力是不常阅读的孩子的两倍以上。

值得欣慰的是，如今，越来越多的父母意识到了阅读对于孩子的重要性。然而，所谓阅读，并不是只要把书买来放在孩子面前就完事了。在我看来，阅读的目的并不在于阅读本身，而在于让孩子爱上阅读，享受到阅读的乐趣，从中汲取营养，而不是在被强迫看书的过程中对阅读心生厌恶。

在此，我要再次强调——"父母是孩子的第一任老师"，父母的阅读习惯将会对孩子产生深远的影响。

在引导孩子看书这方面，我的一位大学同学让我佩服不已。

我的那位大学同学特别爱看书，从阅读中获益匪浅。他在孩子几个月大的时候，就把孩子抱在怀里，给孩子翻看各种带有大图片的书；当孩子一岁多对书有了初步感知的时候，他不厌其烦地一页一页给孩子朗读；当孩子三四岁可以进入图书馆了，他带着孩子一起去图书馆的阅览室阅读，并帮助孩子办理借书卡，和他一起借书；即使在晚上散步的时候，他也会带着孩子走进书店，在书的海洋里遨游……等孩子进入小学以后，他们一起去书店和图书馆看书的时间少了，他就陪着孩子一起在家里阅读。

他家的电视机很少打开，等孩子写完作业，爷儿俩就在明亮的灯光下，各自捧起自己喜欢的书开始阅读。

有的时候，年龄相差30岁的爷儿俩还会交换图书。比如当年《哈利·波特》刚刚出版的时候，爸爸就跟孩子借书看；吃饭的时候，两人说的都是

第五课
开启非凡表达力的八个小窍门

书里的情节和对下一本书的期望。到了初中、高中，孩子看的书更多是老师推荐的《红岩》《傅雷家书》《红与黑》《百年孤独》……但不变的是，儿子读的书爸爸必看。送孩子上学的时候，爸爸会和他一起畅谈傅雷，一起聊鲁迅，争论尼采和荣格……如今孩子准备进入大学了，父子俩还会因为书中的某一个观点而争论起来。如此融洽的氛围，让爷儿俩从来不缺乏共同的话题，良好的亲子关系在读书中得到了建立。

培养孩子的阅读习惯，不仅可以提高孩子的表达能力，丰富他们的知识，还可以提高他们的写作能力，维系良好的亲子关系，何乐而不为呢？

当孩子睁着好奇的双眼向你询问有关这个世界的问题的答案时，不要急着敷衍孩子，或者不耐烦地打断他们的话。这个时候，不妨这样回答："宝贝，你想知道的答案都在这本书里，我相信你一定可以找到自己想要的答案。"

5.2 懂幽默的孩子走到哪里都是焦点

"好看的皮囊千篇一律，有趣的灵魂万里挑一。"生活中，几乎所有人都喜欢跟有幽默感的人在一起，但在孩子成长的过程中，这一点却常常容易被大人忽略。举个例子，我们经常夸赞一个孩子"好聪明""好漂亮"，却很少说"你家的孩子真幽默"。即使有人真这样说了，被夸的孩子的家长也不会觉得多荣耀，反而会觉得对方话里有话。

有段时间，我经常在家里看《家有儿女》。在夏家的三个孩子中，每次出场最吸引我的，不是优秀的夏雪或可爱的夏雨，而是顽皮的刘星。他虽然有些淘气，却聪明且有正义感，经常语出惊人，让人捧腹大笑。

在我印象很深的一集中，剧中一家人在一起吃饭，妈妈刘梅做了大家都爱吃的秘制小肉饼。刘星主动帮忙给大家分饼，一边往大伙儿的碗里夹饼一边说："老妈一个我一个，老爸一个我一个，小雪一个我一个，小雨一个我一个。我再来一个！"引得大家纷纷抗议："合着这么多肉饼我们一人一个，剩下的都是你的了！"即使有时候犯了错误，刘星也总能让沉闷的气氛瞬间活跃起来。譬如他在学校犯了错误，老师请他家长，他回家后不敢直说，就忐忑地试探父母道："爸，妈，要是有个人死乞白

第五课
开启非凡表达力的八个小窍门

赖地非要找你们去跟他谈谈,你们去吗?"

很多看过这部电视剧的人,无论男女老少,都喜欢刘星这个角色,觉得他幽默、搞笑。但我却觉得,大家喜欢他的原因并不仅仅是搞笑而已。在刘星的幽默感背后,我看到了他出色的表达能力和过人的情商。很多时候,正是因为他的"插科打诨",才化解了尴尬,让这个成员比较复杂的家庭充满快乐的空气。

幽默不是油嘴滑舌,而是一个人能力和特质的综合展现。

孩子在成长过程中如果能具备良好的幽默感,不仅可以让他获得自信,成为人群中的焦点,还可以让他拥有积极乐观的人生态度和多角度看问题的能力,轻松化解人际关系中的危机。

不过,作为一种比较高级的交流能力,幽默感的培养并不容易,需要逐步学习。刚出生的孩子不会懂得幽默的妙处,他们只会用哭声表达自己的想法。然而,随着孩子的成长,他对幽默的理解会逐渐深入,并开始模仿他人幽默的表达。

因此,为了培养孩子的幽默感,我们在日常生活中可以试着用幽默的方式化解矛盾,为孩子们营造幽默的语言环境。

有一次我跟好朋友明一家去郊游,开车近两个小时,终于到了目的地。可下车的时候,天空却突然布满乌云,暴雨似乎会随时到来。虽然已是初夏,但一股寒意还是让大家抖了抖身子、裹了裹衣服。

这时,明的女儿小娜用双手捂着肚子,说:"我胃疼。"

妈妈丝毫没有因为阴雨天气和孩子不佳的身体状况而表现出心情的低

落，而是仍旧微笑着，顺着孩子捂着的身体部位用手去摸了摸，问她："是这里吗？这里不是胃，这是心。"

孩子听了妈妈的话，忍不住脸上泛起一抹赧笑，不舒服的感觉似乎减少了一些，说："这是胃吧？我觉得是胃疼。"

妈妈把手在孩子说疼的地方来回摩挲着，脸上露出慈爱的神情，用轻松欢快的语气继续说："这怎么可能是胃呢？我现在给你上一节生物课。这是心，这是肝，这是……"妈妈用手为孩子指着身体的各个部位，最后依然把手放在了胃部，替她按摩着。

随着妈妈手的移动，小娜发出咯咯的笑声，气氛顿时轻松了起来。

母亲的幽默缓解了孩子的疼痛，在给予孩子关心和爱的同时，也教会了孩子勇敢和坚强。更重要的是，母亲的幽默也让孩子学会了很多知识。

王老师的小秘籍

在生活中如何培养孩子的幽默感？

（1）要让孩子有一双善于观察生活的眼睛。我们要让孩子热爱生活，只有这样，才能让孩子具有良好的观察生活的能力，他们才能把生活的细节用幽默的语言表达出来。

（2）要不断扩展孩子的知识面。有很宽知识面的孩子，往往能从书中找到很多乐趣，他们在不断"充电"的过程中会收集到幽默的种子，从而变得风趣。

（3）培养孩子乐观的心态。大度、乐观的人，在生活中往往懂得感恩，性格也更加开朗。而且这样的人更容易有豁达的心态，也更懂得该怎么用幽默的语言化解生活中的尴尬。

（4）从幽默的电影和书籍中寻找灵感。要让孩子多看看幽默的电影或书籍，从中学习一些令自己语言诙谐的技巧和大家喜闻乐见的"梗"，让自己多一些开心，这样才能更好地给别人带来快乐。

（5）让孩子正视自己尴尬的时刻。一个人如果以自卑的心态面对尴尬，它就是一场灾难；但如果用幽默的方式讲述尴尬，学会自嘲，反而会有意想不到的收获。

（6）让孩子提升自己的身体语言能力。只有将形体和语言融到一起，才能收到更好的幽默效果。

5.3 用语言描述构建孩子的认知与表达

初涉世事,孩子们总是对这个世界充满好奇,并急切地想把自己的欣喜与激动表达出来,与身边的人一起分享。然而,他们词汇量有限,很多时候并不能完整、精确地表达出自己的想法。

有一次我在公园散步,正好旁边走过一对母子。孩子大概三岁左右的样子,看见什么都特别兴奋。走着走着,似乎眼前的一棵树让他联想到了什么,他用力拽住妈妈的手,想让妈妈停下来。妈妈心领神会,态度和蔼地弯下腰,问道:"宝贝,怎么了?""这个,这个,这个,树是不是,是不是,是不是……"也许是孩子太想说出自己的想法又找不到合适的词语,急得只能重复自己所知道的词语。

妈妈看儿子说话结结巴巴,不由得急躁起来,不耐烦地说:"树有什么好看的,我们去前面看花儿。"说完,她拉着孩子快步向前走去。孩子的小手还不甘地指着身后,嘴里不断嘟囔着:"树、树……"

对于两三岁的孩子来说,并不是他们不想把话说清楚,只是因为年龄太小,他们还没有贮存太多的语言材料,所以越着急,越表达不清自

第五课
开启非凡表达力的八个小窍门

己到底要说什么。而家长的急躁却扼杀了孩子扩展语言素材的最佳时机。如果这时候，家长能顺着孩子的目光，耐心地鼓励孩子表达，并根据孩子的动作、表情以及所处的场景猜测孩子在看什么、可能会想什么、可能要表达什么，去读懂孩子结结巴巴的话语背后的内容，并且帮助孩子顺利表达出自己想要说的，就会给孩子一个提升语言能力的机会。

例如，当孩子在公园中说"树、树"的时候，我们可以很自然地帮他把说话内容补充完整——"刚才树上停着一只小鸟，很漂亮是不是？现在它飞走了。"还可以鼓励孩子把这句话复述一遍，帮助孩子理顺自己的思维，学会用完整的句式表达自己的思想。

在心理学中有这样一个观点，即"随意注意得到的学习效果，远远低于有意注意得到的学习效果"。

我很欣赏那些不停教孩子说话的父母，因为他们愿意和孩子分享，愿意把自己的语言在交流中传递给孩子。例如，为了培养孩子规范表达的习惯，当孩子指着摩托车说是汽车的时候，家长会立刻纠正孩子："不对，这不是汽车，这是摩托车。"当孩子想要吃东西，说"妈妈吃，妈妈吃"的时候，家长会立刻纠正，说："不是妈妈吃，是宝宝吃。"然而对孩子来说，不停地给他灌输他所不知道的东西，只会使他提不起兴趣。只有那些孩子感兴趣的东西，才会被他们更有效地吸收和学习。

两岁正是语言发展最快速的时期。听同事讲，她家两岁的孩子豆豆每天一睁开眼睛就开始摆弄自己感兴趣的各种东西，特别是当她来到一个新环境时，更不肯放过任何关注新鲜事物的机会。

有一天，妈妈带她去医院探望一位刚刚住院的亲友。进门后，一直被妈妈抱在怀里的豆豆得到了解放。孩子和成人不同，他们的注意力分配能力远远低于成人，所以她不是东张西望地注意多个事物，而是把目光直接落在某一个东西上。豆豆首先对有很多按钮的机顶盒产生了兴趣，晃晃悠悠地奔向那里，小手指向了最大的那个红色按钮。毕竟机顶盒属于电器，妈妈一下子就意识到了危险，她一个健步赶在豆豆前面，指着红色按钮对豆豆说："红色按钮，开关。"一边说，一边又指向液晶显示屏。小豆豆手指触碰到红色按钮的时候，把头扭向妈妈，似乎要再次得到验证。妈妈心领神会，再次说出同样的内容："红色按钮，开关。"这回还用自己的手握着豆豆的手去按开关，然后又摸了摸旁边的显示屏。小豆豆对这个回答似乎很是满意，嘟嘟囔囔地说："开关，红色。"然后用手反复摸着旁边的显示屏，又说了一遍"红色，开关"。

由于语言能力的限制，当孩子说出一个字的时候，他们想要表达的可能是一句话，甚至是一段话。因此，与其刻意纠正孩子说话时的错误，不如自然地用正确的话对孩子加以解释，帮助孩子明白自己想要表达的意思。例如，当孩子把摩托车叫成汽车的时候，家长可以说："宝宝看到一辆摩托车啊，摩托车有两个轮子。汽车有四个轮子，你看，这个红色的就是汽车哦！"当孩子激动地说"小鸟，小鸟"的时候，家长可以说："哇，这个小鸟好漂亮呀，羽毛花花绿绿的，正在找虫子吃呢！你看，旁边还有一只，是不是它的好朋友呀？"

当我们用这种方式跟孩子沟通的时候，虽然他们可能不会立刻完全听

第五课
开启非凡表达力的八个小窍门

懂，但孩子一边听着你的讲述，一边想着自己想要表达的东西，两者在大脑中产生联结，这就是提高孩子表达能力、扩大孩子词汇量的最佳方式，也是建立亲子之间默契的最佳时机。这样的方式，往往比孩子被动地学习效果要好得多。

5.4 孩子爱说，从父母回答"为什么"开始

我们总是在不断发现问题、解决问题，小孩子在学习语言的过程中也同样如此。他们在刚刚能连字成句的时候就喜欢问"为什么"。

孩子最初问"为什么"，只是对这三个字好奇，因为他们一旦说出这三个字，就好像打开了一个魔法盒，回答者会说出很多他们不熟悉，甚至没有听过的语言。

小朋友这种对新鲜事物的执着，真是让父母又爱又恨。一方面，我们会欣喜于孩子的成长和学习能力；另一方面，他们喋喋不休地追问，实在令人崩溃。

我儿子从三岁的时候就开始不停地问"为什么"。有一次，我骑车从幼儿园接他回家，因为路上行人很多，所以我把全部精力都集中在了骑车上。坐在后座的孩子突然问我："妈妈，你骑车为什么这么慢？"

我回答："妈妈要保证你的安全，骑快了会出危险。"

"为什么骑快了就出危险？"

"因为骑车太快，万一有紧急情况，妈妈反应不过来，就容易撞车。"

"为什么紧急情况就撞车呢？"

第五课
开启非凡表达力的八个小窍门

"因为汽车和自行车比我们步行的速度快,制动的时间短,就容易发生突发事件。如果处理不好,就会撞车。"

"为什么车子比我们走得快呢?"

"因为车子是机械,人是动物,机械就比动物快。"

"为什么机械比动物快呢?"

"因为机械是靠机器控制的,我们可以随意设定它的程序。但我们人是吃粮食的,吃的粮食多,转化的能量才多;吃的粮食少,转化的能量也少。"

"为什么吃粮食的就没有机器控制的快呢?"

…………

儿子的"为什么",已经让我抓狂了,我还要骑着自行车判断路况,以保证儿子和我的安全,真的有些自顾不暇了,可是他还在不停地发问。

几乎所有家长都曾经遭遇过这种孩子提问题的"连环轰炸",同时,几乎所有的孩子也都会经历这一时期。我们要知道,当孩子不停地问"为什么"的时候,正是他丰富生活认知的爆发期,也是他思维能力成长的高速期。

思维的内核,正是靠语言的外核呈现出来的。语言丰富,思维就会得到发展。面对孩子一大堆难以解答的"为什么",如果父母的反应是烦躁、不耐烦,就会打击孩子探索未知世界的兴趣,从而让孩子在思维和语言上止步不前。

有一次,我接儿子放学,他一路都举着小奖章,那是因为他中午没有剩饭而得到的特别奖励。他格外自豪,用手不停地抚摸奖章,把问"为什么"都忘记了。和他一起出来的同班小朋友乐乐跟着奶奶走在我们前边,乐乐问奶奶:"奶奶,为什么今天老师给每个小朋友都发小奖章?"

奶奶回答说:"因为小朋友们表现得好,所以就发小奖章。"

乐乐问:"草莓班的小朋友为什么不发小奖章?"

"草莓班的小朋友表现不好,就不发。"

"苹果班的小朋友也不发奖章,为什么呢?"

"因为苹果班的小朋友表现也不好,没有像乐乐班的小朋友那样让老师高兴。"

"为什么苹果班的小朋友表现不好,还在胳膊上贴红旗?"

"因为苹果班小朋友表现得好,所以贴红旗。"

"那奖章好,还是红旗好?"

"都好。"奶奶随意地回答着孩子的问题。

"苹果班的小朋友表现不好可以贴小红旗,我们班表现好可以得奖章,这是为什么呢?"

对于乐乐的问题,奶奶听得烦透了,她不耐烦地说:"一会儿回家问你妈妈去,奶奶也不知道。"

…………

乐乐的问题有没有得到答案我不清楚,但是奶奶的态度却会影响孩子继续追问的兴趣。我们大人知道很多问题是找不到标准答案的,但是小朋友不理解,他们要通过问"为什么"来解决自己的问题,这就是探

第五课
开启非凡表达力的八个小窍门

索的过程。既然我们大人知道不是所有问题都是有答案的，那么与其让孩子问得不知道怎么去回答而变得烦躁，不如引导孩子自己去探索问题，让他们从小就接受一种科学解决问题的方法。

比如对于乐乐问奶奶的问题，奶奶可以反问孩子："你觉得小奖章好，还是小红旗好？"在孩子幼小的心灵里肯定有一个评价的标准，也许因为奖章可以在手里摆弄，他会觉得奖章更有意思；也许因为红旗是打在手背上的，和肌肤有接触，觉得更好玩儿；也许因为他已经有了一定的集体意识，会觉得自己所在的班级就是最好的；也许因为他最好的朋友在隔壁班，并且具备了友谊的初步概念，而会尽力维护朋友的尊严；也许他对老师的评价还没有建立起概念，所以对三个班级的判断并不正确……无论哪种"也许"，孩子在提出"为什么"后都会努力探究自己的答案。

我们要给予孩子一个科学探究的过程，这会刺激其思维快速发展。探究本身并不在于答案对错，而在于它是刺激大脑皮层，让孩子思维变得活跃的过程。在这种不断的激发中，思维才能得到发展。

5.5 增强理解能力的法宝：建立语言和实物的连接

孩子说话有早有晚，有些孩子出生后十个月左右就会发出"爸爸""妈妈"的声音，让父母惊喜不已，高呼"我家有个天才"。

从牙牙学语到说话滔滔不绝，孩子在不知不觉中一天一天加厚着自己的"词典"，最终把这本语言"词典"编辑到他们一生所需要的厚度。然而，光拥有一本"词典"并不足以让孩子具有演说家的才能，孩子还需要能活学活用，正确地理解并驾驭各种词语。

很多朋友都问过我同样一个问题："我家孩子很爱看书，几天就看完一本，但是为什么写出来的作文还是像白开水一样呢？"

一方面，我会告诉他们继续让孩子看书，能看多少就看多少，储备的知识早晚可以厚积薄发；另一方面，我也会让他们观察一下，看孩子看的是书中的故事还是其中词句。很多小朋友只看有故事情节的书（比如童话、小说），不喜欢看科技、文艺、地理类书籍，因为这类书籍没有情节，用他们的话说就是"不好玩儿"，"不好玩儿"就不会吸引他们。从"不好玩儿"这几个字也可以看出来，孩子读书读的是情节，是事件，是故事，而不是其中的含义，所以看过后记忆并不深刻。

第五课
开启非凡表达力的八个小窍门

还有些朋友会为自己孩子阅读速度快而感到高兴，经常在我面前炫耀："孩子一周可以阅读近十本图书，要是不控制的话，孩子就要把书店都搬回家了。"然而，我一直不推崇囫囵吞枣式的阅读，因为书籍不仅是告诉我们一个情节、一个典故，它还具有传递文化、传递语言的魅力。很多孩子在读完书后，若你随意地选一段让他朗读，他在读的过程中会跳过自己不认识的字，或者对陌生字词的读法和含义胡乱猜测。用这种对生词囫囵吞枣的读法，有时孩子联系故事情节可以猜出词语的含义，而有时理解则完全南辕北辙。

儿子上小学六年级的时候，有一次在家里做语文老师布置的读书作业——读三遍《卖火柴的小女孩》，读完后家长签名。我认真地听孩子朗读课文。他在读第一遍的时候遇到了一个词语，问道："妈妈，什么是炉火？"我当时感到十分震惊：孩子怎么会不知道"炉火"是什么呢？他已经11岁了！于是我耐心地给孩子解释道："炉火就是炉子中燃烧的火。""炉子？这是什么东西？"孩子又问。

震惊之余，我冷静地思考了几秒钟，恍然大悟：孩子从出生到现在都生活在城市里，家里做饭用煤气，平时家人在交谈中也总是说"想着关煤气"，而从来不说："你把炉子收拾一下。"炉子已经在孩子的生活中消失了，更不要说炉火了。这就像20世纪七八十年代的很多人都没有见过榴莲，自然对"榴莲"一词缺乏理解一样。

正因为孩子对"炉火"这个词语不理解，所以，他就很难读懂卖火柴的小女孩儿对温暖的渴求，更不会对这个处于极度寒冷中的小姑娘感同身受。

要掌握更多的词语，不仅要多看书，更要理解其中字词、句子的含义。中国的语言是瑰丽、神奇的，要想提高孩子的语言表达能力，就不要让他们在阅读中囫囵吞枣、一知半解，而要让他们全面理解文本的意义。

二至六岁，是孩子学习语言的敏感期，也是储备词汇最关键的时期。这个时候，父母要有目的、有意识地帮助孩子积累词汇。在这个过程中，孩子会遇到很多不能理解的词汇，父母不要让孩子绕过去，而要做孩子学习的拐棍，帮助他多理解、多积累，这样他才能完整地表达自己的思想。

朋友于先生的孩子于浩有一次在小区里跟爸爸一起学骑自行车，怎么学也学不会，刚蹬没两下就从车上摔了下来。

于浩还算坚强，趴在地上没有吭声。爸爸帮他扶起小车，一边拍掉他身上的浮土，一边鼓励他说："看，一身的灰，不要灰心丧气！"然后转身扶他又上了小车，让他继续练习。

过了一会儿，于浩累了，停下来跟爸爸一起休息。看着天色渐晚，爸爸准备带孩子回家吃饭。这时候，孩子似乎发现了什么，指着爸爸屁股上的土，说："爸爸，不要灰心丧气。"说完，于浩还走到爸爸身后，用小手给他拍打尘土。爸爸顿时明白了：儿子把"灰心丧气"错误地理解成了"沾在衣服上的灰土"了。

于是，爸爸立刻给孩子解释说："灰心丧气不是灰土，是指我们遇到了困难不放弃，还要继续加油。你刚才摔倒了，我怕你因为害怕就不敢骑车子了，所以鼓励你不要灰心丧气，现在明白了吗？"

孩子似懂非懂地点了点头。爸爸继续笑着说："爸爸也不灰心丧气，

第五课
开启非凡表达力的八个小窍门

一定让你弄懂这个词语的意思。"

于浩家住五楼，回家时，爸爸拎着自行车走到第四层的时候有些力不从心，于是停下脚步休息。孩子认真地对爸爸说："不要灰心丧气，我们马上到家了。"听了孩子的话，爸爸知道他理解了"灰心丧气"的正确用法，开心极了，似乎有了无穷的力气，高兴地冲上了五层。

在孩子发展语言的过程中，家长不要觉得和他们说所谓深奥的词语是在浪费时间。如果我们每天都有意识地给孩子传达可以丰富他们语言的词语，那么他们在长期的语言积累中就会收获颇丰。比如孩子使用词语出现错误，也许父母当时的纠正他并没有听，但是千万不要忽视这些小错误，父母可以在他凝聚注意力的时候再次给他讲解；也可以在睡前他要听故事的时候，在他准备玩儿玩具的时候，作为听故事、玩儿玩具的交换条件让他学习词语的正确用法，这些都会加深生词在孩子头脑里的印象。

例如，有些词语，我们可以借助语言环境来帮助孩子理解；有些词语，则可以直接让孩子触碰、感受（比如"疙疙瘩瘩"一词，就可以让孩子亲自摸摸是什么感觉）；有些词语，可以让孩子对比着进行记忆（比如"邋遢"和"整齐"、"多"和"少"）；还有些词语，可以给孩子用身体动作进行演示（比如"飞奔""安静"等）。

对于成人来说，我们身边的一切仅仅是赖以生存的物质条件。但对于在学习语言过程中的孩子来说，无论是看得到的还是看不到的，都是他们学习的媒介，都可以作为他们成长的阶梯。

5.6 如何学知识？先讲后背，事半功倍

为了培养孩子的文学素养，很多父母从孩子很小的时候就开始带领孩子背诵古诗。甚至我还见过一个孩子，连自己的名字都还没说利索，就可以含含糊糊地背出"鹅鹅鹅，曲项向天歌。白毛浮绿水，红掌拨清波"，让人既惊讶又佩服。

古诗是中国传统文化的代表，我们有沿袭和传承这一文化传统的责任。更何况，让孩子背诵古诗，可以开发孩子的大脑，刺激孩子脑中的记忆区域，对促进孩子智商的发展大有益处。

但是，我还要提醒一点：不要认为会背古诗就能在表达中引经据典了。会背和会用是完全不同的两件事。

曾有一位家长向我请教："怎么可以让孩子在写作中旁征博引？"

我告诉他："要想孩子能自如地引用经典语句，孩子脑子里首先必须有东西，而背诵一些古诗词是最直接、最简单的方法。"

"可我的孩子从一岁多就会背古诗了，很早就背完了《唐诗三百首》。每次要他背古诗，他都可以一首接一首地背。有时候为了考他，我还会指定题目让他背诵，他都能应对自如。诗可以背得这么熟，为什么平时

第五课
开启非凡表达力的八个小窍门

他说话或写作业时还是不会运用呢？"家长说。

我回答说："我个人觉得，古诗是时代的产物，很多诗句孩子都不理解其中的含义，所以不敢也不愿意在表达中使用这些诗句。就像我们吃饭，不是所有人面对没有吃过的东西都敢吃，都愿意吃。"

"那我该怎么办呢？"那位家长问。

我回答："作为老师，我每天都会让学生背诵一首古诗。仅仅背还不够，我还会尽量帮孩子理解古诗中的含义。也许他们依然不肯在作文中引用诗句，但是孩子们会在课间、郊游的时候用诗句表达所思所想。记得有一次，我带着六年级的学生去植物园。孩子们看到一大片草地，就开始背诵白居易的《草》。后来不知道他们聊了什么，又背了《诗经》《爱莲说》等。更有趣的是，他们还结合情景，自己改编诗句来表达心情。大部分父母会强迫孩子背诵古诗，但孩子对诗句的内容并不了解、不熟悉，所以不会用。不过这种背诵可以开发记忆功能，也不错。"

我不是不鼓励孩子背诵诗词，而是觉得，对于诗词要有所选择、有所理解地去背诵。

很多孩子在入学前都背了大量的古诗，可是后来却都忘在了脑后。这是因为以往的背诵都是被强制的，孩子仅仅是鹦鹉学舌，完成父母下达的指令，至于他们完成的是什么任务，背诵的内容是什么意思，都与他们无关。所以，只有将被动变成主动，才会让孩子将学习的内容深深植入脑海中。

王老师的小秘籍

如何背古诗可以事半功倍？

在带领孩子背诵时，父母不妨参考如下几点建议。

（1）早期背诵从《三字经》开始。《三字经》最适合刚刚开始学习的孩子，因为三个字一句话，对于低龄的孩子来说，比较容易理解，也便于记忆。

（2）父母要善于发现孩子特别感兴趣的词句，带着他背诵下来。孩子的模仿能力很强，他们对自己感兴趣的语言会反复说。所以在给孩子讲故事或者和他们做游戏的过程中，要多观察孩子的兴趣所在。

（3）父母在带领孩子背诵的时候，一定要先给孩子说明背诵的内容是什么意思。在心理学中，理解性地记忆才是最好的记忆方法。父母在让孩子背诵之前，要知道孩子背的是什么，所背内容是在什么语境或者情况下写的；给孩子讲解、回答孩子若干"为什么"之后，再引导孩子背诵。

做到以上三点，孩子在背诵的时候才能事半功倍，不仅不会轻易遗忘背诵的内容，而且还能在说话和写作中引经据典。

5.7 用小故事打开孩子的话匣子

听故事似乎是小朋友们的共同爱好。孩子们总是对那些神秘的、未知的、离奇的故事产生极大的兴趣。有时候，他们还会不由自主地把故事中的情节、人物带到现实生活中来。

一个五岁孩子的家长，曾给我讲过一个让我印象深刻的故事：

一天晚上，妈妈哄孩子睡觉的时候，给孩子读《白雪公主》的故事。讲到白雪公主的后妈要毒害白雪公主的时候，孩子问妈妈："妈妈，为什么白雪公主有一个后妈呢？"

"因为她的亲生妈妈去世了。"

"什么是亲生妈妈？"

"就是从肚子里把孩子生下来的妈妈，每个人只有一个亲生妈妈。"

"妈妈，你是把我从肚子里生出来的妈妈吧？"

"当然，你看妈妈肚子上还有你待过的痕迹呢。"妈妈一边给儿子看留在肚子上的妊娠纹，一边说。

"妈妈，我不想让你死，我不想要后妈。"

"妈妈不会死的，会一直陪着你，等着你长大……"

妈妈还没有说话，孩子就紧紧地抱住了她，说："妈妈，我不要让你死，我不要后妈。"

"妈妈不会让你有后妈的，但是你要听话呀。"

第二天一早，妈妈没有叫孩子起床，他就自己醒来了。醒来后，他没有缠着妈妈，而是自己穿衣服、洗漱，然后乖乖地到大门口等妈妈送他去幼儿园。孩子还记得昨天的故事，要努力做一个听话的好孩子，以此来坚决抵抗后妈的到来。以至于在以后很长的时间里，一旦提到"后妈"这个词，孩子都会变得很听话。

低龄的孩子尚不具备明确判断的能力，不能区分哪些是现实存在的，哪些是虚构的。不过，这些并不能妨碍故事在他们成长过程中起到巨大的作用。

20世纪80年代，美国社会学家曾以一批三岁孩子为样本做过一项调查。调查结果显示，中上层阶级家庭的孩子与社会底层家庭的孩子相比，前者的词汇量是后者的一倍。为了解其中的原因，社会学家做了大量的调查，最后终于找到了答案。原来，中产阶级以上家庭的家长都有在睡前给孩子讲故事的习惯，而那些社会底层的孩子却没有这种待遇，从而导致了他们在语言表达上的巨大差异。

可以说，多给孩子读故事，是让孩子积累词汇量、提升语言表达能力最好的方式之一。我们千万不要低估孩子的记忆力，很多时候他们能记住家长都记不住的东西。

除此之外，我们还可以借助讲故事来开发孩子的语言天赋。

第五课
开启非凡表达力的八个小窍门

儿子从很小的时候就喜欢听故事,以前做中学语文教师的外公就成了他的"御用"读故事专员。每天只要外婆给他洗完澡、盖好被子后,外公就半躺在他的床边开始给他读故事。

在他还不太会说话的时候,只要他发现外公讲的不是他要听的故事,就把奶嘴从嘴里拿出来,然后咕噜一下坐起来,用"嗯……嗯……"的语言和外公交流。外公一听就懂,立刻明白他"抗议"是因为没有讲昨天的故事。当外公换回了他昨天听过的故事后,儿子就老老实实地依偎在外公怀里,一边听着故事,一边慢慢闭上眼睛。

只要外公讲的故事和昨天有所不同,他就会立刻睁开眼睛,用"呀,啊"告诉外公讲错了。

等到儿子能说话后,他会不停地问:"后边呢?后边呢?"有的时候,不认识字的他还能用小手指着故事书,一页页地讲给外公听,只字不差。

如今,很多父母都会给孩子讲故事听,培养孩子的阅读习惯。但是,如果想要在表达方面更上一层楼,孩子除了会听,还要会主动地讲。

科学研究显示,零至六岁正是孩子大脑神经元快速成长的重要时期。在这段时间里,大脑会对神经元进行筛选,保留经常使用和强化的神经元,而逐渐淘汰那些不经常使用的神经元。当孩子自己讲故事的时候,除了要开口说话,还能锻炼他的组织能力、语言词汇运用能力、想象力、记忆力和判断力等等,由此可以帮助孩子强化和保留那些相关的神经元,为其以后拥有出色的表达能力打下良好基础。

因此,父母在给孩子讲故事的同时,也可以有意识地培养他们讲故事的能力。

培养孩子讲故事的能力刚开始可能会有些难度。尤其是年龄较小的孩子，往往只会记得故事的关键情节，而把其中的逻辑顺序讲得模糊不清。这个时候，家长可以一边陪孩子表演一边提问，帮助他把整个故事串联起来。例如，家长可以问孩子"白雪公主为什么要离开家""她在小木屋里遇到了谁"，从而帮助孩子掌握思考和表达问题的技巧。此外，家长也可以鼓励孩子在故事中加入自己的想象。

兴趣是孩子最好的老师。孩子有了兴趣，才会听得认真，理解才准确，表述才完整。孩子在自己理解的基础上，就会架构起和父母表达的桥梁，激发他们说话的欲望。

王老师的小秘籍

孩子不愿意开口怎么办？

故事对孩子有着高度的吸引力，我们在给孩子讲故事的时候要注意以下几点。

（1）让孩子多听一些既生动有趣又富有哲理的小故事，这样可以培养孩子的语感，提高孩子的口语表达能力，同时还能让他明白一些人生的道理。

（2）可以让孩子在熟悉故事以后，尝试复述故事内容并融入自己的

第五课
开启非凡表达力的八个小窍门

理解和情感。很多原来沉默寡言、吐字不清，甚至口吃的孩子，都在故事的陪伴下成了能说会道的人，也成了自信、快乐的人。

（3）除了讲现成的故事，父母在平时还要启发孩子多讲讲自己的故事，比如问问孩子"今天发生了哪些好玩儿的事""今天在学校老师表扬了谁""今天郊游的时候，你和小朋友是如何分享食物的"。这类启发式的问话，可以打开孩子的话匣子，让他成为爱讲故事的孩子。

5.8 用孩子喜欢的语言来交流

语言具有极强的时代性。

平时跟家长们聊天，我经常听到这样的反馈：家长认为孩子越大越跟自己不亲了，孩子一回家就把自己关在房间里，或者窝在沙发里玩儿手机，跟他说什么都只会说"嗯""知道了"，一句"多余"的话都没有。

家长们失落的心情可以理解，不过，出现这种情况也不能认为都是孩子的错。

毕竟，孩子和父母年幼时生活的时代不同，孩子有自己喜欢的说话方式和语言习惯，父母只有掌握了孩子喜欢的语言方式，才能听懂他们在说什么，他们也才愿意与父母交流。

有一次，我和朋友晶外出旅行，同行的还有她刚上初一的女儿——一个可爱、安静的小姑娘。旅行的目的地很遥远，车程长达十几个小时。一路上，我趴在车窗上看风景，而小姑娘则半卧着，抱着一本小说在读。我出于好奇，问她："你看的是什么小说？"

她把书伸过来给我看了一眼，那是一本我从来没听过的书。我摇摇头，她读懂了我的心思，说："这本书刚开始是在网上连载的，后来大家都喜欢，

第五课
开启非凡表达力的八个小窍门

就出版了。这本书现在出到了第八套,一套有四本,现在还在出,我刚买到第七套。"她一口气的介绍,让我晕了头,什么八套、四本、还在出?这是什么传奇作家呀?

我惊讶的神情暴露了我的"无知",她微微一笑补充道:"这样的书网上有很多,只不过这套写得更好,很多人喜欢看,我的同学也都在看。我是看到他们都在看才看的,结果一看就喜欢上了。"听罢,我想起了自己中学时代捧着琼瑶小说看个不停的状态。那时候,同学们都痴迷到废寝忘食的地步;上课时,同学们还把书包上书皮,偷偷地看。现在读网络小说的孩子和那个时候的我们有什么区别呀!

"可以借我看看吗?"我的好奇心被勾起来了。她从书包里拿出一本递给我,我也学着她的样子静静地看了起来。结果还没看三页,我就出现了阅读障碍。我不好意思地问她:"什么叫'废柴'?书里总提到这个词。""废柴就是不会武功的人。"她笑着回答我。过了一会儿,我又问她:"晶石是什么东西,这些人不吃饭,就吃晶石吗?""晶石就像他们的能量棒,好的晶石可以提高武功,等级越高,武功提高得越快。"她回答。

"这不符合科学呀,吃几块石头就能修炼出一种本领,我们还锻炼干什么?这不是伪科学吗?"我不假思索地说。

"我不知道,反正书中的人物都是靠晶石提高功力的。"

"这是什么书?最起码的逻辑要有呀。"我顺口说出了自己的观点。

她似乎对我的评价有点儿不高兴,说:"现在的书都是这样写的,晶石就是好东西,我也想有。如果我有的话,我就有超强的武功了。"

"你怎么可以形成这样的想法？天下任何本领都是靠自己不断训练、艰辛付出才得到的，这样的书会影响你的三观！"我有点儿严厉地说。

"怎么会？这样事情就变得简单了，我也不用天天写作业了；这样就有时间看自己喜欢的书了。"她似乎对我的观点极不认可，小脸儿没有一丝笑容。说完后，她又低下头开始自顾自地看书了。

朋友似乎看出了我的尴尬，打趣道："你天天在学校跟孩子们在一起，怎么连网络小说都不知道？这种书叫玄幻小说，就跟当年咱们看的武侠小说一样，虽然没有逻辑，但很好看的。"小姑娘在旁边连连点头，说："我妈比我还要迷呢，还跟我抢着看。"朋友撇嘴一笑说："那当然啦，我要是也有晶石，直接带你们飞过去了，咱们哪儿还用在这里受罪呀！"小女孩儿一听，立刻来了精神，跟妈妈讨论得热火朝天，留下一个沉默的我陷入了沉思。

平时在学校里，遇到学生们说一些我不懂的网络词语，我总是会提醒他们要规范语言，却从来没有想去了解一下这些词语到底是什么意思。我的教师角色让我下意识地认为，我的用语永远是正确的。

然而最近几年，《新华字典》也开始收录网络词语了，比如童鞋（同学）、鸡冻（激动）、稀饭（喜欢）、木有（没有）、帅锅（帅哥）、酱紫（这样子）、银（人）、小强（蟑螂）、汗（惭愧）、灰常（非常）、表嘛（不要嘛）、打酱油的（路过）、给力（带劲）、菌男（俊男）、霉女（美女）、囧（无奈）……随着时代的发展，这些词语才是我们的孩子整天都挂在嘴上的。

如果我们大人不懂这些词语，还要限制孩子使用，就是在大人和孩子

第五课
开启非凡表达力的八个小窍门

之间建立起一道坚不可摧的屏障。

  从那次旅游回来之后,我特意"恶补"了一下这方面的知识,平时在学校遇到学生说那些我不懂的"梗",我也经常不耻下问。在这个过程中,因为我首先破除偏见,尊重了孩子的语言喜好,他们都非常乐于和我分享自己的见闻,师生之间的交流也越来越顺畅了。我想,这就是语言的魔力吧!

第五课

开启非凡表达力的八个小窍门

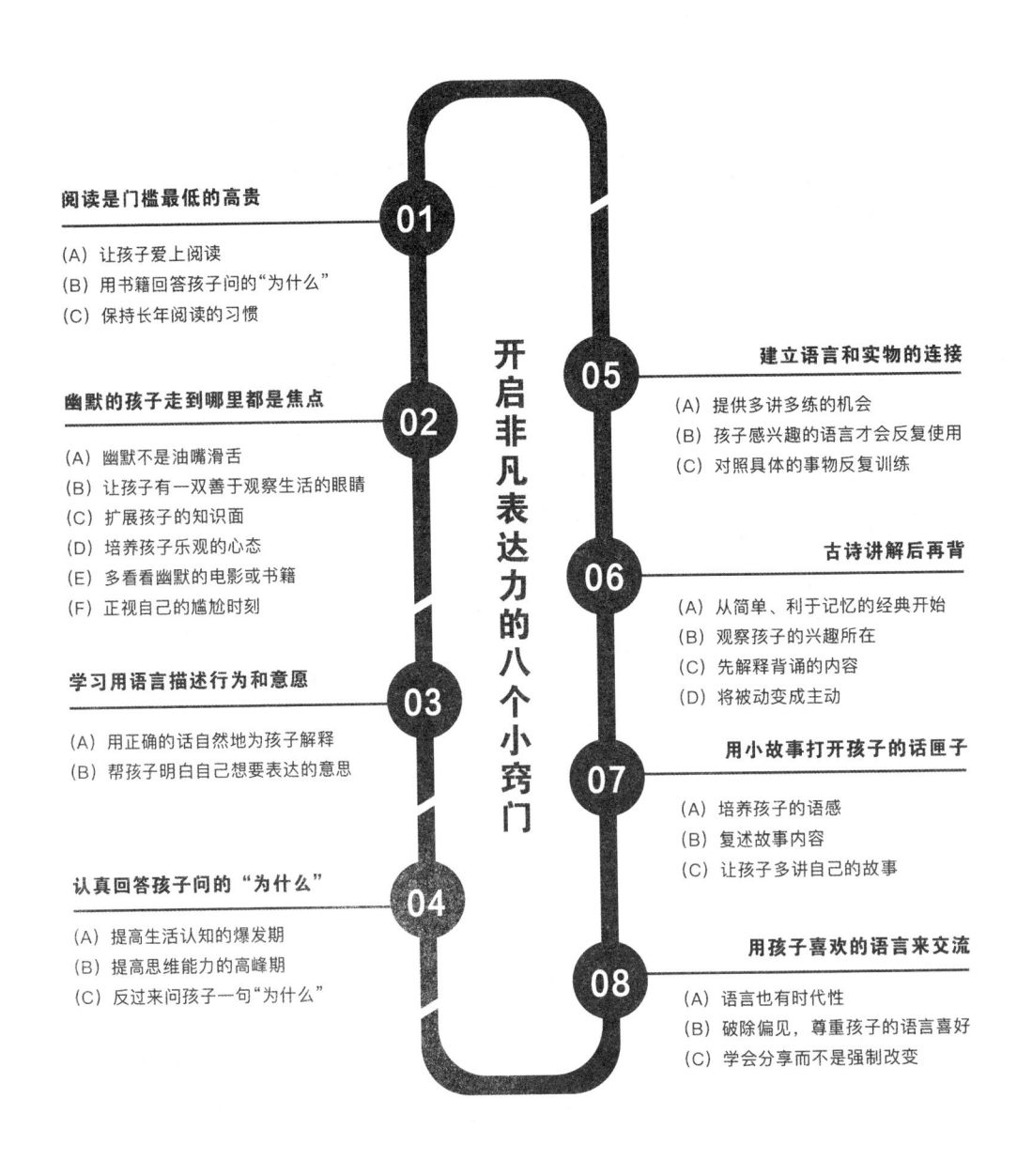

01 阅读是门槛最低的高贵
- (A) 让孩子爱上阅读
- (B) 用书籍回答孩子问的"为什么"
- (C) 保持长年阅读的习惯

02 幽默的孩子走到哪里都是焦点
- (A) 幽默不是油嘴滑舌
- (B) 让孩子有一双善于观察生活的眼睛
- (C) 扩展孩子的知识面
- (D) 培养孩子乐观的心态
- (E) 多看看幽默的电影或书籍
- (F) 正视自己的尴尬时刻

03 学习用语言描述行为和意愿
- (A) 用正确的话自然地为孩子解释
- (B) 帮孩子明白自己想要表达的意思

04 认真回答孩子问的"为什么"
- (A) 提高生活认知的爆发期
- (B) 提高思维能力的高峰期
- (C) 反过来问孩子一句"为什么"

05 建立语言和实物的连接
- (A) 提供多讲多练的机会
- (B) 孩子感兴趣的语言才会反复使用
- (C) 对照具体的事物反复训练

06 古诗讲解后再背
- (A) 从简单、利于记忆的经典开始
- (B) 观察孩子的兴趣所在
- (C) 先解释背诵的内容
- (D) 将被动变成主动

07 用小故事打开孩子的话匣子
- (A) 培养孩子的语感
- (B) 复述故事内容
- (C) 让孩子多讲自己的故事

08 用孩子喜欢的语言来交流
- (A) 语言也有时代性
- (B) 破除偏见,尊重孩子的语言喜好
- (C) 学会分享而不是强制改变

第六课

学会
共情沟通，
拥有更多好朋友

6.1 学会倾听是比会说更重要的技能

每次开完家长会,总会有一些家长在离开的时候对我千叮咛万嘱咐:"我家孩子不爱说话,您上课的时候多叫他回答问题啊!"家长们言语之间对孩子关切备至,唯恐自家孩子因为没有发言的机会而落于人后。

其实,这种要求大可不必。对孩子来说,学会倾听是一件比表达更重要的事情。

我有一位也是做老师的朋友,她有一套非常独特的教学方法。

别的班的老师给学生父母上的公开课是讲一堂完整的课,而这位老师给学生父母上的公开课却是展示孩子学习听讲的过程。

我有幸参加了一次这位老师上的有趣的公开课。

刚一上课,她就站在讲台上,面向全班同学,从左到右扫视了一遍,然后又从右向左扫视了一遍。她的表情严肃,视线像一台扫描仪一样,一个死角都不落下,不到一分钟就让学生处在了一种极度安静的状态。

因为老师不出声,后边参与课堂教学的学生父母也屏住呼吸,更不要说孩子们了,一个个把小腰板儿挺得更直了。又过了大约有十来秒钟,她才有力地宣布:"上课!"班长随后用洪亮的声音高喊:"起立!"所

第六课
学会共情沟通，拥有更多好朋友

有学生都精神抖擞地站了起来。班主任老师再次来了两个180度的扫视，一边扫视，还一边把手指放在自己的眼睛前。瞬间，手指成了老师的指挥棒，所有孩子的目光一下子凝聚到了老师的手指上。

双方彼此问过好后，老师开始讲课。她站到教室的右前方，再一次把手指放在鼻子前，说："眼睛！"学生们的眼睛如同舞台上的追光灯一样，全都向右看。老师一字一句地说出了自己的问题，学生们思考了几秒钟，开始举手抢答。可老师并不急于让学生回答，她又来了两个180度的扫视，教室里再次安静了下来。老师似乎在用目光与每一个学生进行着交流。在每个学生都与她有了目光交流之后，老师才开始请学生发言。

课后，班主任对学生的父母解释说："班里的孩子都很聪明，但成绩不理想，这是为什么呢？问题就出在上课不会听讲上。不会听，怎么可能学得好呢？不会听，是因为他们不会集中注意力。我们常说眼睛是心灵的窗户，只有让他们把注意力集中到我身上，他们的心灵才会和我对话。"

听完老师的话，家长们顿时明白了老师扫视教室180度的目的是什么了——她在训练学生们听的能力。正如她所说的，要想学好，首先要听好。

我们常说"十聋九哑"，事实上，很多聋哑人并不是生下来就哑的，他们只是听觉有障碍。但因为听不见声音，所以他们就没有说话的意识，导致他们因聋致哑。

我们在学习语言的过程中，首先要能够听到声音。当声音信号传入听觉中枢神经系统，并与语言中枢发生联系时，语言通路才会开通。而聋人的听觉中枢神经系统是不能有效得到声音信息传入的，因此他们学习语言的道路就断绝了。从生理结构来看，我们对孩子进行说话的训练固然重要，但对孩子进行"听话"的训练更是头等大事。

交流，是信息互换的意思。那么，语言交流是如何进行信息互换的呢？自然是一个说、一个听，才可以达到信息互换的目的。如果父母引导孩子学习语言的时候，孩子不听也不参与，也就变成父母在自言自语了，还能有什么效果呢？

在生活中，我们经常说"哄"孩子，事实上，我们很多父母真的只是哄孩子，而不是培养、教育、帮助孩子。

要想让孩子养成认真倾听的习惯，父母就必须率先垂范。父母在与孩子交流的时候，一定要考虑他们的专注力。年龄越小的孩子，他们专注的时间就越短。爸爸妈妈认为重要的内容，需要在孩子最能集中精神的时候传递给他，这样才能有更好的效果。

我见过很多年轻的父母，平时工作忙碌，很少有时间陪伴孩子；好不容易有时间了，刚陪孩子没多久，就开始开小差：把目光落在了手机上，不管孩子说什么都心不在焉，甚至连头都不会抬一下。

这种与孩子交流的方式，会让孩子从小就养成不认真听别人说话的习惯。作为父母，我们一旦参与到孩子的学习过程中，就要全身心投入。孩子说话的时候，父母要认真倾听。

正确的做法是，在孩子说话的时候，父母的眼睛应该和孩子的目光处于同一水平线上，安静地听孩子说话，并给予一定的回馈。父母要让孩子知道认真倾听是一件很重要的事情。在这样长期的交流训练中，孩子

第六课
学会共情沟通，拥有更多好朋友

才可以养成用心倾听的习惯，从而更好地提高自己的语言表达能力。

同样，当成人和孩子交流的时候，也要要求孩子的目光放在大人身上，以保证孩子把大人讲的话都听清楚并记在心里。为了提高孩子听的能力，父母们可以和孩子做一些互动游戏，比如跟孩子说："听听爸爸说的是什么。"这种父母描述、孩子猜的活动，是孩子最喜欢的。父母还可以和孩子一同进行词语接龙这类游戏，既能丰富孩子的词汇，也可以检测孩子是否在认真倾听。这些游戏可以邀请所有家庭成员一同参与。

任何习惯的养成都需要时间，让孩子认真听话需要父母的耐心帮助。父母们慢慢来，放低声音，蹲下去和孩子好好说，孩子一定会养成良好的倾听习惯。

王老师的小秘籍

帮助孩子练习"听"话的六个听力游戏

二至六岁是孩子语言发展的关键期，父母可以在家里和孩子玩儿以下这些听力游戏。

（1）打电话游戏。在家里，我们可以用玩具电话或者真电话，和孩子在不同的房间给彼此打电话，让孩子学会倾听对方在说什么。

（2）和孩子一起玩儿积木。孩子们在玩儿的过程中根据父母的指令搭积木。

（3）和孩子在大自然中找各种不同的声音，或者在和孩子散步的过程中听不同的声音，然后让孩子复述他们听到的声音的类型。

（4）用筷子敲打家里的碗或者其他用具，让孩子理解声音的强弱——也就是声音的大小。

（5）和孩子跟着音乐一起跳舞。但是在跳的过程中，父母要选择性地暂停音乐，可以要求孩子在听到音乐暂停之后停止舞动身体。

（6）和孩子一起玩儿"做三件事"的游戏。比如妈妈说："我要跟你玩儿'三件事'的游戏，第一件是摸鼻子，第二件是挠头，第三件是蹲下。"这样的游戏，可以训练孩子集中注意力并执行指令。随着孩子年龄的增长，我们可以把三件事扩展到五件事。

另外，我们在训练孩子倾听能力时，孩子最容易出现的问题就是"插嘴"，而孩子一旦"插嘴"，他们就不可能接收到完整的信息，并且会显得很不礼貌。父母对孩子的这种不良习惯一定要及时纠正。

第六课
学会共情沟通，拥有更多好朋友

6.2 开口之前先动脑，说别人能接受的话

　　说话，是人类的本能。排除有生理缺陷的情况，一般婴儿在三个月大时就可以发出笑声，开始对自己的声音产生兴趣。后来，从一个字、一个词，到一句话，似乎一切都是水到渠成。

　　然而，就是这样一件简单的、人人都会的小事，却有很多人为此苦恼，觉得自己"不会说话"，这是为什么呢？

　　去年，我两位同学的孩子一同参加了本市的中考。录取分数线出来那天，两位同学自然要"通通气"，在电话里互相打听孩子的成绩和目标高中。

　　同学A的孩子成绩一向优秀，进入重点高中很有把握，同学B听了连连祝贺，并淡淡地说自己的儿子成绩"不是很理想"。如果是一个会聊天的人，应该立刻能明白对方的意思，不再追问。

　　可同学A一点儿也不懂说话的艺术，立刻惊讶地说："这你可得想点儿办法，进不了重点高中孩子就废了。"听到这话，同学B的脸色立刻沉了下来，说："'师父领进门，修行在个人'，想学在哪里都能学好。"没想到，同学A还是没弄清状况，说："这可不一定，这个年纪的孩子最容易受环境影响，万一学坏了……"话音未落，同学B就忍无可忍地挂断了电话。

生活中，像同学A这样说话的人其实不在少数。而他们交流失败的原因，就是说话的技巧有问题。没有情商的说话模式，除了让别人难堪，也会把自己伤得体无完肤。更糟糕的是，大人说话的方式还会影响下一代。

一个最明显的例子就是，每次见学生的家长，不用介绍，我都能猜个八九不离十。除了通过外形判断之外，最有特点的就是他们的说话方式。在学校里说话温柔、有礼貌的孩子，家长也大多通情达理；在学校中蛮横不讲理的孩子，家长在很大程度上也是粗声大气、不会好好说话的。

每一位家长都希望自己的孩子成为会说话的人，这件事说难很难，说简单也简单。

所谓"会说话"和"不会说话"有一个最明显的判定标准，那就是能否说出让别人听着舒服、能够接受的话。仅用描述性的话语，把一件事情清楚地表达出来，不带有自己的理解和感受，这是最低层次的说话；而把一件事情表达得让你和听者有情感上的共鸣，这就是一种能力了，是"智商＋情商＋语言"的综合体现。

要做到这一点，父母们在平时说话的时候，就不能想说什么说什么，想怎么说就怎么说，而必须"开口之前先动脑"，给孩子树立"好好说话"的典范。同时，父母也可以把这一原则告诉孩子，让孩子记住三思而后行——"重要的话，在头脑中想三遍再开口"。

儿子小的时候，有一次放学回来，小嘴巴嘟噜着，显得很不开心。我觉得可能是他在学校遇到了什么事，就问他："宝贝，今天怎么不开心？"

他低着头，慢吞吞地说："妈妈，我再也不会和武一做朋友了！"

第六课
学会共情沟通，拥有更多好朋友

"为什么呢？"

"今天跑步的时候，他故意把我推倒了，还说我是大狗熊。"说着，他的眼睛里开始泪光闪闪。

"这的确是一件不好的事情，你怎么解决的？"

"我也把他推倒了，还说他是最臭的臭鼬。"孩子恶狠狠地说。

因为前几天给他讲了臭鼬不讲卫生没朋友的故事，所以这大概是他能想到的最严厉的回击了吧。我一边这样想着，一边说："啊，如果他真的是臭鼬，估计身边再也没有朋友喜欢他了。"

"是的，我不想再和他做朋友了，也不想让他再有朋友！"

"这是一个很有力的回击，但是你有没有想过这样做的后果，会不会让小朋友觉得你不够宽宏大量，不会原谅别人呢？"

我首先肯定了儿子，以此来安抚他受伤的心，让他得到心理上的安慰，然后提出了一个他没有考虑过的问题。

儿子望着我，似乎在寻找问题的答案，又好像在反复思考这个问题。过了几秒钟后，他说："我没有想到这个后果，也许同学会觉得我有点儿小肚鸡肠。"

我很高兴儿子能够想到这件事的后果，继续说道："如果是那样，你会得到什么呢？"

"我？"孩子的大眼睛里闪烁着疑惑，几秒钟后，他说："我也会没有朋友了，妈妈,这可怎么办呀？我刚跟林子校说要做好朋友，也许他会担心我以后也和他吵架，不再理我了。"孩子终于考虑到那样说话的后果了。

"嗯,那你打算怎么办呢?"我乘胜追击。

"妈妈,我明天和武一道歉,并且提醒他以后别推我了。你说他还会和我做好朋友吗?林子校还会和我做朋友吗?"孩子充满顾虑地问出一串问题。

"我要是武一,也会思考今天到底错在哪儿了,也会向你道歉,所以我觉得可以!"

"那就好。"儿子如释重负。

"你看,今天你在愤怒的时候说了伤害别人的话,既让同学伤心了,又差点儿让自己失去了朋友。妈妈给你点儿小建议:我们以后在说话之前要先想一想这句话该说吗,想三遍,可以吗?"孩子使劲地点了点头。

我敢打赌,没有人天生就会"说话",那些具有高超说话技巧的人都是在不断地学习、尝试、推翻、验证中得到提升的。

孩子就像一张白纸,他们会在生活道路上一笔一画地涂画各种线条、各种颜色。作为他们的父母,如果你教会他们宽容,他们就会拥有善良的心;如果你教给他们勇敢,他们就会成为勇敢的人……同样,在生活的长河中,如果你引导孩子在说话的时候先思考,他就会变成一个会好好说话、高情商的人。

第六课
学会共情沟通，拥有更多好朋友

王老师的小秘籍

如何培养孩子先思考再说话的习惯？

让我们一起来帮助孩子先思考再说话吧！我们可以告诉孩子需要思考的一些问题。

（1）我们需要告诉孩子，如果某句话具有攻击性，就要先在头脑里想三遍。两秒钟的思考时间虽然很短，但是却可以避免孩子说一些不过脑子的话，降低说话出错的概率。

（2）我们需要告诉孩子，如果某句话大家都不说，我们就需要把这句话先在头脑里想三遍。大家都不说的话，也许就是不合时宜的话，你说了就要承担后果。

（3）我们需要告诉孩子，尽量让自己的话说出来有人爱听。我们说话有的时候是为了倾诉，但更多的时候是为了交流；如果说出来的话起到了反作用，还不如不说。

当然，作为驾驭语言的人，我们需要思考的还有很多，远比以上这些问题要复杂得多。但是不要着急，孩子成长的道路还很长，让他学习"先想三遍"再说话很重要；一旦有了方法，他就可以形成条件反射，"三思而后言"。

6.3 不用指责的口吻讲话

我曾经收到过一位家长的短信留言,她说:"我的孩子今年六岁,最近我发现一个问题:他在犯了错误之后特别喜欢推卸责任,从来不反省自己。我该怎么让他明白道理呢?"

这位妈妈的苦恼,让我想起了一件事:

有一天,我在公园里看书。我坐在儿童游乐区的旁边,紧挨着我的是一个三滑道的滑梯,很多小朋友在上面爬上滑下,玩儿得不亦乐乎。每个小朋友都配备了"私人保镖"——或者是爸爸妈妈,或者是爷爷奶奶,或者是阿姨……所有大人的心思都在孩子身上,即使有的大人在三三两两地闲聊,目光也时刻不离孩子。

正在这时,一个小姑娘发出了一声尖叫:"不是我,是他踢了我。"

原来,两个小朋友在下滑的时候发生了摩擦。先下来的小朋友还没有从滑梯的下端离开,后下来的小朋友就滑了下来。后下来的小朋友的小脚丫碰到了前边小朋友的脑袋。前边的小朋友刚一站起来,就回手抓了那个小女孩儿的头发;后边的孩子还没站稳,就用嘴咬了抓人的孩子……场面一度失控。

看到发生"大乱斗",双方父母都迅速拉过自己的孩子。可两个小家

第六课
学会共情沟通，拥有更多好朋友

伙儿已经"交战"了几个回合，被咬的孩子正哇哇大哭，咬人的孩子在仰头哭嚎，还一边哭一边说："都是他，他抓我的头发。"

被咬的孩子说："不对，是他咬了我，特别疼！"这个孩子更精明，还不忘记说上后果。

"你要是不抓我头发，我能咬你吗？"咬人的孩子理直气壮。

"谁让你踢我的！"

"你抓我！"

两位孩子的家长还算有涵养，各自压制着爱子之心，不停地劝说自己的孩子："小朋友不是故意的。"

可是孩子才不领家长的情呢，依然各自保持着挑衅的架势，彼此争论不休。说时迟，那时快，被咬的孩子突然一下反咬了咬人的孩子，事态进一步恶化。这回女孩儿的家长不依不饶了："你家孩子怎么回事？怎么咬人？"

"你家孩子要是不咬我家孩子，他能咬人吗？"

"岂有此理，明明是你家孩子先欺负人，怎么倒变成了我家孩子的不是？你这个家长太不讲理了。"

"谁不讲理，谁不讲理？明明是你家孩子不对，又踢人又咬人……"

瞬间，双方家长互相争吵起来，两个孩子仰着头，不知如何是好。

我们经常从孩子的口中听到这样的话："是他的错！""和我没有关系，都是他搞的。""这是他弄的。""我没有招惹他，是他招惹了我。"

可能是怕家长责怪，一旦发生冲突，孩子们会一味地从对方身上找原因，推卸自己的责任，并通过谴责别人来使自己清白。一旦孩子这样说话，我们必须及时帮助孩子改变如此的说话方式。因为任何对他人无谓的谴责，对自己都没有意义，只有自省才可以让孩子在错误中不断成长。

对于上述事件，家长在处理的时候，不该问孩子"为什么"，而该问孩子"怎么办"，用英文来表达，就是以"How"取代"Why"，问孩子"How"也就是问孩子解决问题的方法。

例如，家长可以问孩子："怎么办呢？""你认为该怎么做？""有什么方法呢？"如果有人这么问你，你会有什么反应？是不是会自然而然地开始思考：接下来该做什么才好？用"How"来提问，孩子会思考该采取什么行动去解决问题。

问孩子"怎么办"，可以激励孩子思考怎么去寻找问题的解决方案，而不是一味地停留在指责别人上。比如，家中停电的时候，面对黑洞洞的夜色，如果妈妈问孩子"怎么办"，孩子就会回想起平时妈妈教他的，他会坚定地告诉妈妈："我是男子汉，我来保护妈妈。"

"怎么办"可以教会孩子怎么去解决问题，而"为什么"则会引导孩子为自己的错误开脱。逼问孩子"为什么"，只会让孩子学会找借口搪塞；而问孩子"怎么做"，则能引导孩子采取适当的行动！

"怎么做"能引导孩子进步，而"为什么"只会让孩子在原地踏步。"为什么"是孩子找借口的催化剂，"怎么做"则能让孩子把注意力的焦点放在接下来的行动上。

诚然，如果前边的故事中有一位家长能拉住孩子问"你该怎么办呢"，孩子可能还会指出对方的错误："因为她踢了我，我才抓她的头发。"但

第六课
学会共情沟通，拥有更多好朋友

是如果你告诉他："妈妈相信你说的，但是我们现在应该怎么做呢？"孩子就会说："我不该抓她的头发，我应该先向她道歉。"这样，另一个小朋友也会说："我不该踢你，我该向你道歉。"

推卸责任和有所担当，是一对反义词。孩子最终会成为哪种人，会以怎样的方式看问题，全在于父母是怎么引导的。想让孩子学会有"担当"地分析问题，就要让孩子多思考"怎么办"。

王老师的小秘籍

孩子在生气状态，听不进话怎么办？

人在愤怒的情况下是不会思考自己要说什么和做什么的，如果你的孩子正处于很愤怒的状态，要先试着让他平息怒气，并告诉他：

（1）放慢语速。面对愤怒的孩子，要告诉他慢慢说，并且适当地降低声音。

（2）闭上眼睛。让孩子闭上眼睛，将怒气转移。

（3）转转脖子。人在愤怒时，脖子是坚硬并向前挺的，转转脖子可以缓解僵硬的程度。

（4）拥抱自己。用双臂拥抱自己，可以减缓紧张和不安的情绪。

（5）击掌跺脚。击掌跺脚可以缓解怒气，三分钟即可。

6.4 尊重隐私，教会孩子守住秘密

"爸爸妈妈昨天吵架了，妈妈都气哭了。"

"我们家有好多钱，都藏在电视机下面的柜子里。"

…………

小朋友们童言无忌，有时候会让人忍俊不禁，有时候却像个大喇叭一样，毫无顾忌地将大人的秘密公布于众，造成不少尴尬局面。

侄女小的时候出了名的爱聊天：还没有学会说话，就喜欢拉着人咿咿呀呀地说个不停。她妈妈曾经打趣说："这孩子不得了，长大后可以去做主持人了！"当时因为孩子还小，大家哈哈一笑，谁也没觉得有什么不妥。

有一次我去侄女家做客，大家一起出去吃饭，点了孩子最喜欢吃的烤鸭。看孩子迟迟没动筷子，我就递给她一个包好的烤鸭卷，说："烤鸭好香呀，不吃就没有了哦！"没想到孩子一瘪嘴，大声说："我不吃，爸爸刚才放了一个屁，好臭，臭爸爸。"我一时不知怎么接话，她爸爸也觉得特别尴尬，赶紧打圆场："你别瞎说，赶快吃。""明明就有，妈妈也听见了，你怎么能撒谎呢？"侄女不依不饶，更加理直气壮。

被闺女这样"补刀"，爸爸面子上有些过不去，赶紧岔开了话题。

第六课
学会共情沟通，拥有更多好朋友

回家的路上，表妹略显苦恼地说起了这个话题："你知道吗？丫头这个乱说话的毛病可愁死我了，我简直不敢带她出门。前两天幼儿园老师还跟我说，她在学校还开始学会打小报告了，经常跟小朋友起冲突，该怎么办呢？"

我相信很多家长在孩子成长的某一阶段都有类似的苦恼，其中也包括我。因为孩子天真无邪，并且不能很好地掌控自己的语言，对什么该说、什么不该说还没有明确的概念。在这个时候，父母一定要教孩子认识"秘密"和"隐私"代表着什么。

可能有些家长会说："我跟孩子说过啊，每次孩子说了不该说的话，我都会告诉他这个是隐私，不能说，可孩子下次还是照说不误。"

有些大人的语言，孩子是听不懂的，例如"隐私""秘密"等，这些词代表的意思对孩子来说很虚，他们根本不明白代表什么。要想让孩子听懂并遵守说话的规则，我们就必须将这些语言翻译成他们听得懂的话。例如，我们可以说："隐私就是只有自己家人才可以知道的事情，例如爸爸妈妈在家里说的话，就不可以对外人说。"像这样用具体的例子，就可以在孩子心中搭起隐私的界限。

等孩子逐渐明白隐私的意思后，我们还可以用游戏的办法，跟孩子探讨哪些话该说、哪些话不该说。例如，我们可以问孩子："有人问你晚上吃了什么，可不可以告诉外人呢？""别人想看你的小裤裤，可不可以给外人看呢？"从而培养孩子的自主判断能力。

又过了一段时间，表妹打来电话，说我的办法真是棒极了！自从她开始教给孩子隐私的概念,孩子在外面乱说话的问题有了很大的改善。即使有时候她对一些问题拿不准,也不会立刻嚷嚷出来,而是悄悄询问妈妈的意见,确定那些问题究竟应不应该回答。周围的人都夸孩子变得有礼貌了,越来越懂事了。

我在高兴之余,也提醒表妹,在孩子学会保守自己的秘密与隐私的同时,还要推己及人,不能做随意传播别人秘密的人。我给她讲了一个故事:

儿子小的时候,我给了他一个小猪储蓄罐。只要有零散的钢镚儿,我都会给他,让他放进"猪肚子"里。每次我问他:"你用这些钱做什么?"他都天真地回答:"上北大!"后来,"小猪"变得沉甸甸的了,但里面到底有多少钱,我从来不去过问,那是他的小秘密。

有一天,一个亲戚带着孩子壮壮来家里玩儿,两个孩子不知道怎么就说到了各自的私房钱,儿子高兴之余就把储蓄罐拿出来炫耀,最后还不放心地说:"你不要告诉别人,这是我的大秘密。"壮壮心不在焉地点了点头。

过了一阵子,儿子去姥姥家玩儿,正好壮壮也去了。进门的时候,姥姥正在和三个邻居打麻将,看到两个孩子来了便"无心恋战",找个由头说:"今天输了不少了,不玩儿了。"听到这话的壮壮立刻说:"弟弟有很多钱,够你输的。"

儿子一听壮壮告密,还要把他的钱输掉,立刻大哭起来,一边哭一边喊:"你答应过我不告诉别人,我没法儿上北大了!"

周围的大人们不知道发生了什么,一下被儿子的哭声弄懵了,劝了好一会儿才让儿子恢复了平静。

第六课
学会共情沟通，拥有更多好朋友

儿子把自己的秘密告诉了壮壮，而且叮嘱了他。可是对方却忘记了自己的承诺，一下子把他的秘密说了出来。这件事带来的伤害让他记忆深刻，他甚至还学会了推己及人。有时候我打趣问他别人的秘密，他都会立刻拒绝："我不能告诉你，要不然他该多难受啊！"

表妹听完这个故事后，立刻心领神会，说："我知道了，就是要用孩子的同理心让他知道说出别人的秘密会对别人造成伤害。"

此外，虽然我们应该从小就告诉孩子保守别人秘密的重要性，但也别忘了告诉孩子，要对秘密的内容进行甄别；如果这个秘密让他感觉不舒服、有压力，那不管这个人是亲人、老师还是其他认识的人，都要告诉父母，以免让孩子受到伤害。

6.5 有的放矢，说对方感兴趣的话题

在教孩子说话的过程中，不少家长都在"你我他"上犯了难。与其他简单的名词相比，孩子无法理解这些比较复杂的代名词，尤其是对刚学会说话或者口语表达能力比较弱的孩子来说，更是如此。

因为，在婴儿的世界里没有"你"的概念，对于他们来说，只要一哭就会有奶吃，不是因为"你"给我了，而是因为"我"哭了。他们就是自己世界里的上帝。

然而，如果孩子在年龄稍长以后仍然保持这种"以自我为中心"的状态，就会对其自身的人际关系造成损害。

为了培养孩子们与他人交流沟通的能力，我曾经在班里举办过一次"小小主持人"选拔活动，让学生们每周自发选择一个访谈对象进行采访，然后在班里进行评比。学生们热情都很高涨，但是其中有一个名叫瀚哲的小男孩儿连续两周都没有完成这项课外作业，即使勉强交上来一份，也只写了寥寥几笔。

我觉得非常奇怪，一是瀚哲平时学习成绩不错，应该不会故意不写作业；二是这个孩子平时口才不错，给大家讲起故事来滔滔不绝，按理说

第六课
学会共情沟通，拥有更多好朋友

应该是这次"小主持人"选拔的冠军候选人，怎么会这样呢？

于是，我把他叫到办公室，向他询问其中的原因。他低着头，过了好一会儿才小声嘟囔着："老师，不是我不写作业，是我的采访对象都不配合我。"我很纳闷："你采访了谁，他们怎么不配合你？"

"我采访的是住在我隔壁的张爷爷，可是，每次我问他愿不愿意接受我的采访，他都说'上别处玩儿去吧，我没空儿'。别人也是这样。"他撅着小嘴，可怜巴巴地说道。

原来是这样，我立刻明白了问题所在。我们大人经常说："酒逢知己千杯少，话不投机半句多。"如果对方一直说自己不感兴趣的话题，连我们也会丧失交流的欲望，不愿意在谈话中耗费自己的时间和精力，更何况说话的还是一个孩子呢！

如果想要顺利切入话题，获得对方的好感，就要善于捕捉对方感兴趣的话题，把话说到对方的心坎上，这是一种生活中非常实用的沟通技巧。

但是，对于现在的孩子来说，他们都是家里的小皇帝、小公主，从小生活在父母的小心呵护之下，在他们的认知中，都是别人迁就自己，哪有自己主动去考虑别人想法的份儿？所以，他们在与别人沟通的过程中，很难去考虑他人的感受，更不用说去主动寻找对方感兴趣的话题了。

如何让孩子领悟和陌生人沟通的技巧呢？我想了想，问了瀚哲一个问题："除了父母和其他家人之外，你最喜欢跟谁说话？"

"是爸爸的同事李叔叔。"他不假思索地回答道。

"为什么呢？"

"因为别的大人来家里做客时，只会问我的学习成绩。但李叔叔却会跟我聊很多有意思的事，还跟我一起看动画片。"

"李叔叔是个大人，可能平时并不喜欢看动画片，为什么要主动跟你一起看呢？"

瀚哲一时回答不上来，没有说话。

"因为他是一个会考虑别人感受的人，他见你喜欢看动画片，就跟你谈论动画片。这是你感兴趣的话题，所以你也喜欢他。反过来，如果你想让别人喜欢自己，想让别人对你感兴趣，那么跟别人交谈时，你就要选择别人感兴趣的话题，而不是一味地谈论自己认为重要的话题。"

古罗马著名诗人西拉斯曾说过："当我们对别人产生兴趣的时候，恰好是别人对我们产生兴趣的时候。"所以，当我们在与他人谈话的时候，从对方的角度出发，真诚地关心他人，比用任何花言巧语都更容易得到对方的信任与欢迎。

孩子社交经验较少，在与他人沟通交流时，如果不知道如何寻找对方感兴趣的话题，可以通过观察对方的面部表情和身体动作判断对方对谈话的态度，从而慢慢了解对方的兴趣所在，做到有的放矢。

这次谈话结束后不久，又到了每周"小主持人"评比时间，由瀚哲完成的采访手记内容翔实、有趣，在班里得到了最高分。我让他给大家介绍成功的感想，他说："我之前采访张爷爷总是不顺利，是因为他对我的话题不感兴趣。这次，我主动聊起了他最喜欢的养鸟的话题，他立刻打开了话匣子，还邀请我去他家参观，给我讲了很多关于鸟类的知识。"

第六课
学会共情沟通，拥有更多好朋友

　　同学们都给他鼓掌，他高兴地对我笑了，我知道他记住了我的话。

　　当孩子逐渐长大，家长有责任引导孩子明白，这个世界不会永远围着他转，也不是每个人都会像爸爸妈妈那样哄着他，惯着他。给予孩子适当的爱，让他心中有他人，才会让他锻炼出良好的沟通能力，才能让他在以后的人际交往中减少碰壁，受到更多人的欢迎，这才是父母对孩子最好的保护。

6.6 换位思考，让孩子在说话中学会宽容

在孩子的世界观中，这个世界非黑即白，没有灰色地带。

出于这种单行线式的思维逻辑，有的孩子在表达的时候，经常会用简单甚至粗暴的方式说出自己的想法。例如，幼儿园的小朋友可能会直白地说："你的衣服真脏，不讲卫生，我不要跟你做朋友。"或者说："你长得真矮，是个小矮人。"在说这些话的时候，他们无法考虑到对方小朋友的衣服脏可能是因为爸爸妈妈没在身边，奶奶又照顾不过来；他们更无法体会到，说别人是"小矮人"，可能会对对方的自尊心造成伤害。

有些事他们始终无法理解，比如：一个人怎么能又"好"又"坏"？一句话怎么能说得既"诚实"又不"伤害别人"？

儿子小的时候，特别喜欢跟姥姥家的表姐一起玩儿。虽然表姐只比他大三个月，但两个小家伙儿一起玩儿的时候，大部分时候是姐姐出方案，弟弟落实；姐姐下命令，弟弟服从。无论在气势上还是在言行上，姐姐都占有绝对的统治地位。

有一次，全家人聚在一起包饺子过周末，两个小家伙儿非要参与，姥姥就给他们放了一张小桌子，又把家里切冷菜用的小板子给他们做面板，

第六课
学会共情沟通，拥有更多好朋友

还每人发给一根擀面杖和一个面团儿。小家伙儿们高兴得不得了。

"姐姐，你看我能擀得很大。"弟弟向姐姐炫耀自己的成果。

姐姐扭过头看了看，说："你擀得不对，这没法儿做饺子了！是不是，姥姥？"为了验证自己的话，姐姐还拉过姥姥来"和她一个战队"，姥姥看了一眼，说："姐姐说得对，你擀得太薄了，一煮就破了。"

姐姐洋洋得意地对弟弟说："我说得对吧？你擀得不对，你看我的。"

弟弟诚恳地点了点头，听话地看着姐姐擀一个新饺子皮。然而，这次姐姐也没发挥好，擀得太厚了，弟弟就说："姐姐，你做得不对，太厚了。"

"你胡说，姥姥都说我擀得好，是你自己擀得不行。"姐姐生气地说着，拿过弟弟新擀的面皮攥成了一个面团儿。

弟弟生气了，大喊道："你做得不对，干嘛把我的给弄坏了？"

"是你的不对，我做的是最好的，姥姥说的！"小姐姐用义愤填膺的口气极力维护着自己的权威。

"你的太厚了，比姥姥的厚很多，就是错的。"弟弟有理有据地表述着自己的观点。

"我告诉你，是你错了，因为你擀的第一个就是不合格的。"姐姐的声音越来越大，强调着自己说话的正确性。

"你欺负人，明明是你错了，你非要把我的给弄坏了。"说完，儿子哇哇大哭起来。

小孩子们在交往中很容易直接说出对方的缺点和错误，例如说"你错了""你不对"等等，但孩子也有自尊心，当一个人不假思索地说出这些话的时候，无形中就将自己推向了与对方敌对的立场，沟通也就无从谈起了。

著名人际关系学家卡耐基曾说过一句话："直接批评是最无用的，因为它会使人采取防守的姿态，并常常使他们竭力为自己辩护。直接评价也是危险的，是一个危险的导火索，它会伤害一个人的自尊心，并会激起他坚决的反抗。"

以刚才的故事为例，在儿子做第一个饺子皮的时候，姐姐就找到了弟弟的问题，并且从姥姥那里得到了验证，于是在姐姐的心里就形成了"她是标尺"的概念。尽管姐姐擀的第二个饺子皮确实太厚了，但是姐姐在心里认为，只要是她做的就是对的，而弟弟提出反对意见，就是对自己的挑战，所以姐姐要全力以赴地维护自己的尊严。弟弟直接指出姐姐"错了"，无形中挑战了姐姐的权威，自然会遭到姐姐的抗议。

发现并指出错误是一件很简单的事情，但是如何既让对方接受批评，又不会引起对方的反感，就不是一件简单的事了。

碰到这种情况，我们可以教孩子迂回解决问题，比如弟弟可以和姐姐讨论什么样的饺子皮厚度是合适的；也可以让姥姥做评委，找到一个合适的标准；还可以在发生矛盾的时候，不自己直接说出对方的错误所在，转而向姥姥求助，从姥姥这个"权威人士"口中验证自己的发现，把尖锐的矛盾化解，这样就不会发生激烈的争吵了。

作为家长，我们要告诉孩子勇敢自信地去表达，但这种自信不是建立在伤害别人的基础上的。在说话过程中，暂时宽容别人的错误，妥善地组

第六课
学会共情沟通，拥有更多好朋友

织语言，适当地降低姿态，不仅可以获得别人的认可，而且可以保护别人的自尊，这也同样是一种语言的艺术，可以让自己成为一个受欢迎的人。

王老师的小秘籍

如何教孩子委婉地表达"你错了"？

（1）让孩子改变说话的方式。如果我们直接说"你错了"，会很难让别人接受，但是如果我们改用"这是不是有点儿问题"这样的疑问句式，也许就会让对方舒服很多。疑问句比判断句更容易让人接受。

（2）让孩子不直接说出他人的错误。与其"直言不讳"地指出别人的错误，我们不如用类比的方式委婉地指出，这样或许可以真正引起对方的反思。

（3）让孩子学会等一等再说。当别人向你询问一件事对与错的时候，如果拿不定主意，你可以先不急着发表意见，而可以说："我目前说不清，我查查再告诉你。"也许这一迂回的方法可以让对方在冷静思考之后自己作出正确的判断。

6.7 培养孩子拥有一颗善良的心

演员黄渤是被大众公认为高情商代表的人，他曾经说过这样一句话："其实有的时候，所谓高情商，是你不想伤害别人。我不是一个冲动性、侵略性特别强的人，我性格里面有柔软的地方，所以不喜欢把话说得那么绝。"

因为不想伤害别人，所以严格把控话语的分寸，这是一种高情商的表现，更是一个人灵魂深处的善良本色。

明明从小就是一个乖巧可爱的孩子，她的妈妈娟子和我是多年的好友。谈起孩子，娟子总是滔滔不绝，孩子让她倾注了自己的全部心力。但是她却一直有一个心结：孩子的右脸上天生带着一块粉红色的胎记，而且随着年龄的增长逐渐变大，与左边白嫩的皮肤形成了鲜明的对比，虽然不影响健康，但却每每都会成为众人注意的焦点。

前几年，孩子还小，对外表不是太敏感。可自从明明上了小学，娟子的心一直都七上八下，经常不放心地问我："孩子在学校，会不会有人欺负他？""今天孩子回来闷闷不乐，是不是被同学排挤了？""孩子这次考试没考好，是不是在学校压力太大了？"

第六课
学会共情沟通，拥有更多好朋友

有一次，我和娟子带着明明去离家不远的公园里玩儿。那里有一个人工瀑布，还有很多迷你小喷泉。一到夏天，孩子和大人都喜欢到池子里踩水。明明也开心地在水里跑来跑去。

不一会儿，他就跟一个和他年龄相仿的小女孩儿玩儿在了一起，他们跟另一组孩子打水仗。玩儿了一会儿，明明跟那个小女孩儿明显占了上风，另一组孩子有点儿招架不住了。明明高兴地和小女孩儿击掌祝贺，却不料战败的一组中，一个个子略高的孩子气哼哼地说："有什么了不起，大鬼脸！"然后把一只手放在右脸上朝明明吐舌头。

娟子的心仿佛一下子被电流击中了一般。明明看着那个小朋友，似乎还没有反应过来。这时，另一个小男孩儿也喊起来："大鬼脸，大鬼脸！"两个人似乎找到了胜利的感觉，做着同样的动作，越来越高声地叫着："大鬼脸，大鬼脸，大鬼脸！"

明明这回似乎明白了对方的意思。和他一队的小女孩儿也懂得了对方的意思，她看看明明，又看看对方，似乎在做着人生最艰难的抉择。这个时候，明明才意识到自己和他们不同，开始怯生生地向后退，把双手慢慢藏在身后，眼睛睁得大大的。

也许是那两个孩子的奇言怪语让旁边的孩子向明明围了过来。几个大点儿的男孩儿也加入了高喊的行列，大声叫着："大鬼脸，大鬼脸，大鬼脸……"明明似乎彻底醒悟过来了，自己一个人无力地反抗着："你们才是大鬼脸，你们才是！你们是大笨蛋……"

娟子看到这一情形，立刻向儿子跑了过去，我也赶紧跟了上去。就在娟子准备把孩子"解救"出来的时候，我听见里面有小女孩儿的说话声。我和娟子走过去一看，原来是刚才跟明明一起玩儿的小女孩儿。此刻，她勇敢地站在明明身前，已经制止住了孩子们的起哄。她大声说道："老师说了，人身上的胎记是天生的，只有特别幸运的人才有，你们这是嫉妒！"女孩儿说得振振有词，把几个男孩儿说得哑口无言。没过一会儿，他们就无趣地散开，又到别处玩儿去了。

娟子赶紧跑过去，帮孩子擦掉脸上的泪珠，非常感谢女孩儿的仗义执言。明明拉着女孩儿的手，急切地问道："你刚才说的是真的吗？"女孩儿真挚地点点头，挽起自己的袖子，指着上面的一块胎记说："是真的，我们老师特意给我们讲的，你看，我也有一个，我们是一样的。"明明这才破涕为笑。

远处，小女孩儿的妈妈微笑地看着她，给她竖起了大拇指。

孩子喜欢骂人，是很多父母不能容忍的。绝大部分家长听到孩子骂人的时候，都会立刻制止他们。但是很多家长却没有注意到，有时，孩子也会像成人一样"骂人不带脏字"，甚至会排挤、讽刺那些身体有缺陷的孩子。

几乎每一个做父母的人都希望孩子以后能成为高情商的人，但是，高情商不意味着油嘴滑舌，更不意味着做人虚伪，在培养孩子出众表达能力的时候千万别忘了：情商修炼最关键的，不是嘴，而是心。

善良，是一个人情商的最高境界。一个情商较高的孩子，一定会有一颗向善的心，会在别人遭遇困难的时候伸出援助之手，会在他人需要帮

第六课
学会共情沟通，拥有更多好朋友

助的时候去体谅别人的不易，可以用同理心去包容别人的缺陷。

每个孩子生下来都是天真无邪的，但孩子情商的培养都离不开父母的言传身教。我们身边有很多不完美的人，即使我们不能做得更多，我们至少可以告诉孩子要尊重每一个不同的生命个体，用尊重的语言和他们交流。在良好口才背后那颗金子般的心，才是孩子成长道路上最宝贵的东西。

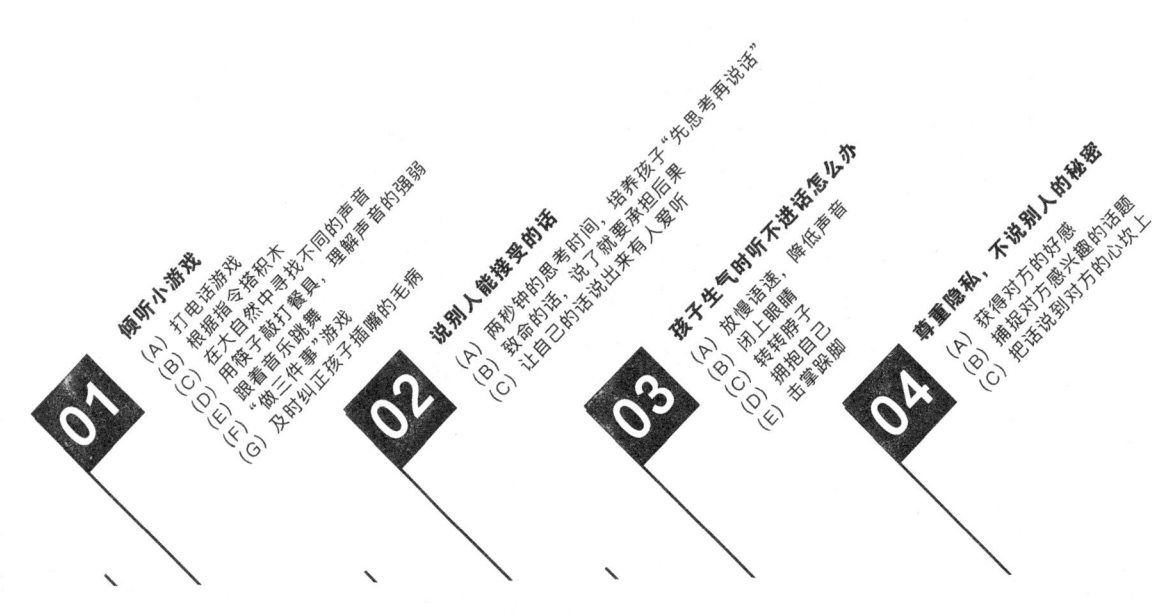

01 倾听小游戏
(A) 打电话游戏
(B) 根据指令捡积木
(C) 在大自然中寻找不同的声音
(D) 用筷子敲打餐具,理解声音的强弱
(E) 跟着音乐跳舞
(F) 做"三件事"游戏
(G) 及时纠正孩子插嘴的毛病

02 说别人能接受的话
(A) 两秒钟的思考时间,培养孩子"先思考再说话"
(B) 致命的话,说了就要承担后果
(C) 让自己的话说出来有人爱听

03 孩子生气时听不进话怎么办
(A) 放慢语速,降低声音
(B) 闭上眼睛
(C) 转转脖子
(D) 拥抱自己
(E) 击掌跺脚

04 尊重隐私,不说别人的秘密
(A) 获得对方的好感
(B) 捕捉对方感兴趣的话题
(C) 把话说到对方的心坎上

第六课
学会共情沟通,拥有更多好朋友

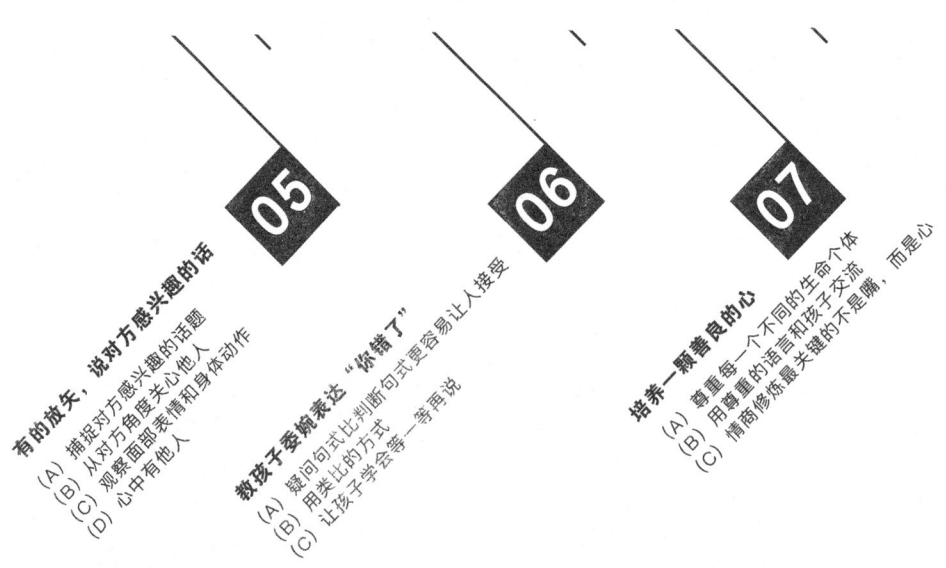

05 有的放矢,说对方感兴趣的话
(A) 捕捉对方感兴趣的话题
(B) 从对方角度关心他人
(C) 观察面部表情和身体动作
(D) 心中有他人

06 教孩子委婉表达"你错了"
(A) 疑问句式比判断句式更容易让人接受
(B) 用类比的方式
(C) 让孩子学会等一等再说

07 培养一颗善良的心
(A) 尊重每一个不同的生命个体
(B) 用尊重的语言和孩子交流
(C) 情商修炼最关键的不是嘴,而是心

第七课

优秀的表达能力带来终身受益的七大能力

7.1 所答对所问，学会思路清晰地表达

你在与孩子交流的时候有没有出现过下面这样的情况？

明明孩子在认真听你说话，可回答的内容却常常风马牛不相及，你问东他说西；你问"今天的饭好吃吗"，他说"今天的动画片真好看"。为此，不少家长都很困惑，甚至开始怀疑是不是孩子的听力有障碍，所以没有把问题听清楚。

如果这一问题出现在孩子三四岁之前，家长大可不必担心。因为这个阶段的幼儿，思维具有很大的直观行动性，他们的思维活动与他们对事物的直接感知紧密相联。也就是说，他们还不会精确地捕捉别人问话的内容，只会把精力放在自己感兴趣的地方，或者即使听懂了问题，也不会熟练地组织语言。

因此，对于这个年龄段的孩子来说，他们之所以会所答非所问，多半是家长的提问方式有问题。例如：提问的时候用的词语太复杂，提问的内容没有围绕孩子的兴趣点，或者提问的问题太笼统，等等，都会导致孩子出现所答非所问的情况。

这个时候，只要家长在与孩子沟通的过程中学会用简单易懂的语言，

第七课
优秀的表达能力带来终身受益的七大能力

围绕孩子的兴趣点，把笼统的问题拆分成一个个具体、直观的提问，就可以让孩子在理解的基础上做出清晰的回答。

但是，如果孩子年龄稍大后仍然出现答非所问的情况，就需要引起家长的重视了。尤其在孩子学习说话期间，父母一定要有意识地培养他们说话的条理性、逻辑性。

儿子小的时候，每天放学后都会在胡同里和小朋友踢会儿球，玩儿得满头大汗地跑回家。洗完澡后，我陪他一起练毛笔字。我刚铺好纸，他的小嘴巴就管不住了："妈妈，潘浩有脚臭。"

"是吗？你怎么知道的？"我没有纠正他的不专心，而是感觉过了一天了，需要和孩子聊一聊。

他见我没有阻止他说话，手里拿着已经沾满墨的毛笔继续说道："他的鞋子是新买的，很大。他一走路脚后跟儿就会从鞋子里出来，我们都笑他'偷了别人的鞋穿'。踢球的时候我和王梓一组，潘浩和万鑫一组，我们打比赛……"他想了想又说："还有李军，我们是两人对决他们三个，我觉得不公平。但是他们说万鑫是女的，不算数，因为她不会踢球。我和王梓都踢得很棒，所以我们俩一组，他们三人一组……我要一对三，我也担心踢不过他们，怕以后他们会说我不会踢球。其实我会踢球，我还是校队的呢！是不是？"我点点头，表示儿子说得对，没有打断他的话。

儿子没停，接着说："他们三个都不是校队的，我是校队的，所以我想我就让着点儿他们吧。但是潘浩耍赖，踢球的时候，他总是把球往边线外边踢，一点儿意思都没有。妈妈你知道吗？李军跑步像鸭子……对了，想我的小黄鸭了，咱们这周可以去看看吗？不知道它长大了没有，我要给它带好吃的。可以吗？"儿子终于停下来，用渴求的目光望着我。

虽然孩子用长长的一口气说了一大堆，实际上却是一篇流水账，完全把之前的问题放到了一边。

"当然可以，我们周六去。儿子，我们刚才在讨论什么问题？"为了帮他理清说话的逻辑，我把这个问题重新抛给了他。

儿子想都没有想，就回答："踢球呀！"

"再想想。"我耐心启发他说。

孩子挠挠头，望着天花板，然后又把空洞的目光转向了我这边，似乎在向我寻求答案。

"你看，你都把我们讨论的问题弄丢了。那你觉得刚才你说这么多话有意义吗？"儿子思考了几秒钟，然后摇摇头。

"我们说话的时候，不仅要听清楚对方的问题，还要围绕问题来说话。"儿子似懂非懂地点点头。

"妈妈提示你，我们讨论的是潘浩脚臭的问题。你现在思考一下，能够用简练的话回答我吗？"

儿子思考了几秒钟，然后说："他的鞋掉了，我闻到了一股臭味。"

"好极了，这次你就说清楚了。我们首先要做到听清对方的问题，然后再围绕问题用最简单的话把自己的意思说清楚。和问题没有关系的话，我们能少说就少说，记住了吗？"

儿子使劲儿地点点头。

第七课
优秀的表达能力带来终身受益的七大能力

孩子在练习表达的过程中说话抓不住重点很正常，因为他们还没有很强的逻辑思维能力。但对于听者来说，如果发言者所说的话中存在多个主题，就会把自己和对方的精力都分散掉。在沟通的过程中，我们要做到把一个主题讲透彻都不是十分容易的，更何况讲清楚多个主题。所以，如果我们过分关注某个细节的描述，我们的表达就会不清晰。

作为父母，我们不用苛求孩子有多么高超的说话技巧，但是我们有义务培养孩子初步的逻辑思维能力，告诉他们哪些表达是错误的，应该采取什么样的表达方式，而培养这一能力最简单的办法就是让孩子"把简单的事情说清楚"，就好像"我问你几点钟，你不用告诉我表的工作原理"一样。要通过练习，训练孩子在沟通中陈述重点，用最少的词汇和句子准确表达自己的想法。

王老师的小秘籍

三大技巧让孩子拥有清晰的逻辑表达能力

（1）孩子说话啰唆的时候，不要去打扰他，只要用心倾听，让他把所有想说的话先说完即可。如果孩子想说的话没说完，他是没有心思听你说话的。再者，要培养孩子倾听的习惯，父母要先学会倾听。

（2）孩子说完后，父母要帮他梳理说话的内容，分出层次，提炼出重点，并且告诉他这样说话爸爸妈妈会听得更明白。

（3）在游戏活动中训练孩子的概括能力。比如孩子阅读完一个小故事，父母要有意识地向他提问什么时间，谁，干了什么，结果怎样……这是把一件事情说明白最基本的要素。孩子经过这种长期的训练，就会养成很好的概括能力。

第七课
优秀的表达能力带来终身受益的七大能力

7.2 不"胡言乱语",提升逻辑思维的能力

我们成人由于有了丰富的社会经验,对于大家都心知肚明的事物总会采取省略的说话方式。

比如,一家人吃晚饭的时候,丈夫需要一个勺子,因为平时和妻子十分默契,只需要对着妻子简单地说"勺",妻子就会把勺子递给他。再比如,我们过马路的时候想提醒朋友看红绿灯,只要说"红灯",大家就会默契地停下来,也不需要特别去解释:"现在是红灯,红灯要停下,所以现在我们不能过马路。"

出于对语言使用习惯的熟悉,大家对这样简化的表述已经习以为常,完全可以不假思索,只要听到就会采取行动。但对于孩子来说,他对这个世界并不像我们那样熟悉。

年幼的孩子对这个世界的语言是完全陌生的,他并不知道一个字或者一个词所代表的全部内容。如果你觉得孩子能听明白我们说话的意思,而不加以解释,那就别怪孩子一头雾水了。

前一阵子,我和同事一家一起去郊外钓鱼。因为天气炎热,同事怕孩子晒着,就在阴凉处摆了一个凳子,一边看着我们钓鱼,一边照顾两岁

多的女儿嫒嫒。

在我们钓鱼期间，嫒嫒妈妈隔一段时间就会拿水给女儿喝。每次喂水的时候，她都要对孩子说："因为天气太热，所以你要多喝水。"嫒嫒听到这样的表述，就会主动地拿起水瓶喝上几大口，一边喝还一边学着妈妈的口气对爸爸说："因为天气太热，所以爸爸要多喝水。""因为池塘里有很多鱼，所以爸爸一定可以钓到大鱼。""因为嫒嫒很乖，不会吵到鱼，所以鱼一定会上钩。""因为嫒嫒喝了好多水，所以嫒嫒不会被太阳晒坏。"……

即使孩子不一定能完全理解其中的因果关系，但在长期的潜移默化中，她会开始模仿类似的思考方式，思维也会变得更加清晰。

正所谓"言为心声"，说话是我们思维的外在体现，有什么样的思维，才会输出什么样的话语。

斯坦福大学的卡罗尔·德维克(Carol S. Dweck)教授在一份关于儿童大脑发育研究的报告中指出，人的大脑在婴幼儿阶段发育得非常快，但到了七八岁之后发育会逐渐减慢。简单来说，逻辑思维能力是在日常生活中一点点培养起来的，和孩子的每一次对话，教他做的每一件事，都是让孩子思维得以发展的好机会。所以我们不要觉得在零岁的时候给孩子讲他听不懂的故事是徒劳的，也不要觉得在他三岁的时候告诉他如何有礼貌地介绍自己是没有意义的，其实这些看似多余的举动都会成为他今后逻辑思维发展的重要基石。

一般来说，孩子的思维发展可分为这样几个时期：

第七课
优秀的表达能力带来终身受益的七大能力

零至三岁，直观动作思维居主导地位。孩子的思维活动往往是在实际操作中，借助触摸、摆弄物体而产生和进行的，看不到物品或者活动一停止，他们的思维很有可能也就跟着停下来。

三至七岁，具体形象思维居主导地位。即使某一事物不在孩子眼前，他还能在头脑里呈现它的样子，然后运用这种形象来进行思考。

七岁以上，则是抽象逻辑思维开始发展的阶段。孩子将以概念、判断、推理等形式来认识事物的本质特性和内在联系。虽然从概念上讲，六七岁以前的思维还算不上真正意义的逻辑思维，但这个阶段孩子思维的发展非常迅速，他们已经开始用自己的方式进行"有逻辑"的思考。所以无论我们跟他们说什么话，教他们做什么事，还是玩儿什么玩具，做什么练习，都会直接影响到他们日后抽象逻辑思维的发展。

在美国，从幼儿园起，老师就开始注重对孩子进行逻辑思维的培养和训练。美国的GRE（美国研究生入学资格考试）就只有词汇、数学、逻辑三门课，其中逻辑占了三分之一的比重，可见它是非常重要的考核内容和能力指数。

例如前边提到的那位同事，如果在女儿喝水的时候，她只说"喝水"，媛媛并不知道为什么要喝水，这个行为就是一个简单的喝水行为，和她的思维不能直接联系起来。然而，同事通过一个简单的"因为……所以……"的句式训练了媛媛对事件之间关系的分析能力，媛媛就会觉得万物之间都是有联系的，这些联系就是我们说话的前提和基础。

如果我们能把这种联系在孩子的头脑中建立起来，就会潜移默化地影响他们的思维方式。所以我们在跟孩子说话的时候，不要觉得所说的是普遍的认知，就把语言简化掉，而要告诉他们具有逻辑性的语言格式。

当我对同事的教养方式大加赞赏的时候，她还给我讲了另外一个故事。

每周六是媛媛家物品大补给的重要时间，媛媛喜欢和妈妈一起去逛超市。被放在购物车里的媛媛，看到货架上的物品都想往自己的车里放，妈妈就对媛媛说："我们需要买很多东西，但是如果我们先买了冰激凌，又去买纸巾，冰激凌就会在我们出门之前融化掉，你说该怎么办呢？"

媛媛若有所思地想了一会儿，说："那就把冰激凌先放在冰箱里，再去买纸巾。"妈妈并没有笑话媛媛，而是表扬她说："你真是个聪明的宝宝，我也觉得这个办法很好。但是，如果我们先回家把冰激凌放进冰箱，就会耽误很多时间，也许你喜欢的饼干就没有时间买了，你要送给老师的花也没有时间买了。"妈妈露出很伤心的表情。

媛媛说："这可不好，我已经答应老师要送花给她了。"

妈妈说："是的，不诚信真的不是一种好品质。"

媛媛又想了想："我们可以先买花，再买纸巾，最后买冰激凌。"

妈妈微笑着说："这真是一个好主意，但是妈妈还要买一些其他的生活物品，你可以帮妈妈找到它们，这样我们是不是又可以节约很多时间呀？"小媛媛这回来了兴致，主动从购物车上下来，一边找一边还说："这个不会坏掉，可以先买。"

通过这个故事，我们可以看出：除了对孩子进行语言逻辑的训练，我们还可以训练孩子做事的逻辑性。

第七课
优秀的表达能力带来终身受益的七大能力

　　媛媛妈妈把生活中的琐碎小事当作开发女儿思维的工具，在和她沟通和交流的过程中让她意识到，做事情要有先后顺序，这样才会提高自己做事的效率。而且妈妈不是用命令的语气，而是以平等的方式和女儿讨论某个问题到底该如何解决，这让小媛媛从小就感觉到自己是被尊重的。这不仅有利于孩子身心的健康发展，更有助于训练孩子做事的条理性，对她今后更高效地处理事情有重要的作用。

　　孩子的语言逻辑不是天生的，而是在成长的过程中慢慢形成的。一个人一旦养成了有逻辑地思考问题的习惯，遇到任何问题都会又快又好地解决。

7.3 少说"废话",培养孩子的概括能力

在一次学校活动中,我无意中和旁边家长聊天,这位妈妈略显困惑地说:"我家孩子今年六岁,小时候说话说得晚,我和他爸还担心了好一阵子。谁知道他现在变成一个话痨,每天从早说到晚,甚至把一句话重复很多遍。"

这位妈妈幽默的描述,一下子把我逗笑了。其实,对于四至六岁的孩子来说,在这一阶段变身"话痨"并不是什么坏事,反而是他们学习语言、积累词汇的重要途径。通过大量的表达,孩子可以获得了解自身感受和探索外部世界的能力。

然而,在听了我的解释之后,这位妈妈并没有放下心来:"话虽如此,但他现在正在上幼儿园大班,老师经常向我反映,说他话太多,而且不分时间和场合;即使老师说'不许说话'了,他还在底下偷偷地跟小朋友说话。我曾经偷偷观察过他,发现有时候他说话并不是为了得到谁的回应,而是单纯地为了说而说,一个人的时候也会自言自语。我经常告诉他,没用的话不要说,可又怕压抑了他的本性,到底怎么做才是正确的呢?"

听完这位妈妈的叙述,我陷入了思考。一般来说,孩子喜欢说一些"废

第七课
优秀的表达能力带来终身受益的七大能力

话",多半是由于孩子的功能性语言能力不发达,也就是说,孩子不能将自己的话与周围的环境和人产生联系,所以才出现"自说自话"的情形。但是听了这位家长的描述,似乎孩子并没有这方面的问题,这到底是怎么回事呢?

于是我向这位妈妈问了一个问题:"当孩子说个不停时,你都是怎么回应的呢?"

"我忙起来就不理他,有时候烦了就会说他几句。"

我点点头:"这就是你的问题了,当孩子主动表达自己的时候,都是带着自身的情感诉求的。如果他的这种诉求长期得不到正确的反馈,其情感需求就会进一步加强,表现出来就是话更多了。"

"那应该怎么办呢?"

"其实也不难,就像大禹治水一样,堵不如疏。如果你能对他的话进行积极的回应,在沟通中帮他精炼语言、抓住重点,问题也许就能有所好转。"

看到这位妈妈仍然有些不太明白,我就给她讲了一个身边的例子:

朋友小军的儿子大宝,自从上了小学,每天见到妈妈后都会把学校里发生的一些事情说给妈妈听,妈妈也愿意做他的忠实听众。

这天,大宝从学校出来,一边拉着妈妈的手,一边又开始做起"小广播":

"今天,陈思思迟到了。早自习老师布置了八道计算题,都是超难的那种,我一看就蒙了:肯定又要错好几道,又要放学留下来罚写。一想到罚写我就头皮发麻。我看到我旁边的小轩也显得特别紧张:噢,上次听写他竟然把书打开来抄。我可不敢,万一被老师抓到,那还不得抄上几天几夜……"

小军打断了大宝的话说:"你刚才和妈妈说陈思思迟到了,怎么不讲她了,又讲到了小轩,你觉得自己是不是跑题了。"然后,她笑着对大宝说,"我们说话要说重点,对吗?"

大宝毕竟是孩子,一下子想起了自己刚刚提到的陈思思,就又把话题转到了陈思思身上,说:"是的,陈思思早上迟到了,她是从来不迟到的。我们都吓了一跳,因为迟到是会被叫父母的,我可不想让老师把您叫到学校去,我宁愿抄三本书。上次高年级的一个小孩儿,直接用嘴在饮水机上喝水……"大宝说着说着,又把陈思思的事情给忘得一干二净了。

小军拉着他的小手,停住脚步,半蹲下身子,说:"孩子,我们说话要说有关的事情,无关的事情就是废话。妈妈知道你今天在学校遇到了很多事情,但你要一件一件地说。如果说一件事情的时候,中间拐去说别的事情,那别人就会产生误解,就会觉得你说的这件事就是废话,会让人听不明白你到底想说什么,你懂了吗?"

大宝似懂非懂地点点头,小军继续说:"我们现在就说陈思思,好吗?"大宝又点点头,想了想说:"陈思思迟到了,她告诉老师是她妈妈出差了,爸爸忘记给她上闹钟。但是老师没有批评她,就是建议她可以自己上个闹钟。然后老师问哪些同学是自己起床的,我们班上有五六个同学都是自己起床的。老师表扬了他们,还给他们盖了五角星。妈妈我也想让你给我买一个闹钟,可以吗?"

小军一把抱住大宝,高兴地说:"当然可以。宝宝长大了,妈妈要支持。

第七课
优秀的表达能力带来终身受益的七大能力

你看，你这次就说得非常清楚，妈妈都听懂了。你说得非常好。"

孩子愿意和父母交流是一件非常好的事，大宝见到妈妈之后就主动和妈妈说学校里发生的事情，这是很多父母都希望的。但是大宝在说话的过程中，喜欢从一件事情跳到另一件事情，又从另一件事情再跳到其他事情，这样的说话方式就属于无序的表达。

遇到这种情况，家长一定不能嫌烦，要试着顺着孩子的思路和孩子"聊天"，针对他们表达的内容进行引导和总结，这样可以帮助孩子提高在沟通中的概括能力，久而久之，孩子自然就能改掉爱说废话的习惯了。

听完了我的话，这位妈妈若有所思，答应回去后改变自己对待孩子的态度。相信在不久的将来一定能听到她反馈回来的好消息。

7.4 尊重是天平，培养孩子的沟通能力

每次给低年级的学生上课时总会出现各种状况，譬如有的学生不注意听讲，爱抢话，在别人回答问题的时候捣乱，等等。刚开始遇到这样的情况，我采取的做法是"立规矩"，直接对他们的不当行为进行制止，告诉他们这样做是不对的，但是收效甚微。即使他们当时改正了，没过几天就又原形毕露。

几次较量下来，我已经筋疲力尽。一位有经验的老教师点醒了我，他说："孩子在交流中也需要尊重，与其利用孩子对老师的敬畏来使其服从，不如好好地告诉孩子犯错的原因，让他们心服口服。"

一言点醒梦中人。我立刻在班上召开了一次主题班会，让大家针对"上课抢话"这个话题自由展开讨论。有的学生说："如果一个人在别人回答问题的时候抢话，是对别人的不尊重，因为会让大家听不到别人说的话。"还有的学生说："随意打断别人说的话，会打断对方的思路，也会让自己不能深入思考。""认真听别人说话是基本的礼貌，只有相互尊重，才能相互学习。"

第七课
优秀的表达能力带来终身受益的七大能力

于是我通过几个游戏让孩子体验自己说话被别人打断的感觉，孩子们真正从内心认识到了相互尊重的必要性，以后的课堂纪律有了明显改善。而我也从这件事更加清晰地认识到：交流的目的不是命令、服从、指责，而是沟通。

同样，我们在训练孩子表达能力的时候，不仅要让孩子明白我们需要用语言去沟通，更应该让孩子们懂得交流可以促进彼此的感情，而不是用说话为自己树敌。要想达到这一目的，父母的言传身教非常重要。

暑假结束后，学生们又开始重返校园。在一次学校组织的家长开放日活动中，孩子们聚在一起七嘴八舌地交流自己的暑期见闻。

一个学生说："我们去了内蒙古的草原！那里除了天就是草，真美呀！"

另一个也去了草原的学生大声反驳道："我觉得你说错了，那里的草原根本没草。从远处看还是绿油油的，但是从近处看，每根小草都距离好远，一棵棵都是又矮又小，就像被太阳烤熟了一样，皱皱巴巴的，还有很多土都露在外边，一点儿也不美。"

第一个说话的学生不服气，大声反驳说："我觉得你说错了，草原的草很茂盛，你去的是假草原。"

第二个学生也不甘示弱："我看到的草原就是这样的，我一点儿都不喜欢，还没有我家小区的草地茂盛呢，里边还有马粪、牛粪、苍蝇……总之，内蒙古的草原一点儿也不好。"

第一个学生听他这样抨击自己，急得跑到妈妈身边说："我妈妈手机里拍了很多照片，不信你看，草原就是最美丽的！"另一个孩子也冲向妈妈寻求"救援"："妈妈，妈妈，他说我胡说，你说我说的是假话吗？"

两位家长立刻被孩子推上了第二轮辩论的辩位上。第一个孩子的妈妈智慧地把话题岔开了，说："我听说，你们在草原骑了马，我们胆子小没有骑，草原的马怎么样？"第二个孩子听到阿姨提到骑马，立刻兴奋起来，自告奋勇地说："我骑了，我们骑了四回呢。那里的马很高大，但是我一点儿也不怕。"第一个孩子惊奇地说："是吗？那么高，你不怕掉下来吗？"

"不怕！刚开始妈妈也担心我，和我骑一匹马。我发现马走起来一起一落的，我就随着它也一起一伏的，好像跟马合二为一，我就不怕了。"第二个孩子骄傲地说。

不得不说这位妈妈很聪明，既保护了自己孩子的自尊心，让他今后敢于用自己的眼睛去认识世界，同时也保护了第二个孩子。因为两个孩子尽管都去了草原，但因为关注点不同，感受也不同。如果这个时候，她拿出照片来维护自己的孩子，第二个孩子一定会很气愤。她知道每个人都愿意谈论自己最熟悉的、最擅长的内容，所以她把话题从草原引到了骑马，尊重了第二个孩子的话语权，让彼此的交流建立在尊重与被尊重的基础上。

在现代社会中，孩子们身上普遍存在的问题就是"以自我为中心"。他们做事的时候往往喜欢围绕着自己，凡事都以"我需要"为前提，很少为他人着想。

遇到这种情况，家长仅仅在口头上对孩子说"要尊重别人，不能打断别人的话"或者说"你再这样，我就罚你"，也同样不是真正地尊重孩

第七课
优秀的表达能力带来终身受益的七大能力

子。只有在日常生活中,通过对孩子思想的渗透和引导,帮助他们体会别人的感受,并给予正面的回应,才能让孩子真正意识到尊重的重要意义,才可能彻底改变他们不正确的交流方式。

7.5 交流是"良药不苦口",提高孩子的心理承受力

最近,经常能从各个地方看到有关青少年自杀的新闻。我看着这些正值花季的少年仅仅因为一些微不足道的小事就付出了如此惨痛的代价,心中无比悲痛。

对于这一现象,有些人觉得,是现在的小孩儿们太娇气了,心理承受能力太差了。但我认为,每个时代人们承受的压力不同,我们无法从局外人的角度对别人进行评价。真正让我痛心的是,现在很多家长只关心孩子吃得饱不饱、穿得暖不暖,却对孩子的内心一无所知,甚至在惨剧发生之后都不明白孩子为什么要那么做。而我们的孩子,在承受巨大压力的时候不会通过正确的渠道疏导、宣泄自己的情绪,这不能不说是家长的失职。

儿子上五年级的时候,他的数学成绩特别好,是班里的尖子生,同学们都称他为"数学神童"。有一天,一位同学带来一道课外班的习题,几个孩子讨论了许久也没有结果,老师说:"思睿,你试试。"

儿子好胜心切,课上想,课下也想,到放学的时候也没有做出来,同学歪着嘴说:"什么神童,也不过如此吧。"他听了,心里很不舒服,放

第七课
优秀的表达能力带来终身受益的七大能力

学的时候郁郁寡欢的。朋友问他怎么了，他把事情讲了一遍，朋友劝他："不要介意他们说的，你就是神童，一道题不会代表不了什么。"可第二天，儿子还是情绪低落，他又拉着好朋友反复地说："我怎么就做不出这道题呢？我是不是真的傻了……"他一整天都陷入自己悲观的情绪中无法自拔。

晚上吃饭的时候，我听到老公在饭桌上对儿子说："一道题而已，做不出来就算了，别老跟祥林嫂似的，男子汉要豁达一点儿。"我当时皱了皱眉头，没有说话。过后，我提醒老公，要注意对孩子说话的方式，但他却不以为然，觉得小孩子嘛，什么都不懂，过一阵子就好了。

生活中，很多父母都有类似的心态，尤其在传统教育方式的影响下，父母经常对孩子的情绪表达视而不见，例如看见孩子哭了，就说："哭什么哭，再哭就不是好孩子了。"或者说："这有什么好哭的，妈妈给你去买好吃的。"然而，这两种反应，都不是正确的处理之道。

孩子与成人一样，他们在的成长过程中也会有丰富的情绪变化，并随着年龄的增加逐渐丰富和成熟，例如愤怒、哀伤、羞愧、高兴、骄傲、兴奋、失望、害怕等。如果孩子一直处在不良情绪中得不到宣泄，就会很容易出现注意力不集中、行为呆板、精神失常、萎靡不振、人际关系紧张等问题，甚至会影响孩子的一生。

在这种情况下，如果能让孩子正确地将不良情绪表达出来，不仅可以帮助他们理解自己，达到心理平衡，而且可以提高孩子的心理承受能力，对他以后的人格发展大有裨益。

为此，我特意在睡觉之前把孩子叫到身边，对他说："我听爸爸说了你在学校遇到的事，你感觉到有些挫折是正常的，要是我，我也会感觉很难受。"话音未落，孩子的眼泪就像断了线的珠子噼里啪啦地掉了下来，他哽咽着说："我也不知道怎么回事，就是心里特别难受，怕同学们都看不起我。"

我点点头，说："我理解你的感受，我们每个人都不是完美的。在以后的生活中，你可能还会遇到很多挫折和困难，但只要你尽力了，就不用太在意别人的看法。"儿子点点头，说："我也知道这个道理，可就是不知道怎么做。我想跟朋友说，可他们都嫌我烦。"

"你选择对朋友倾诉，是一个很好的方法，但没人愿意和天天有负面情绪的人做朋友。所以，当我们遇到困难时，快速调整自己才是最好的做法，不要让不良的情绪状态影响到自己和别人的关系。"

"那我应该怎么做呢？"

"你可以适当地寻求朋友的帮助，或者告诉爸爸妈妈，也可以做一些自己感兴趣的事情，转移自己的注意力。"

儿子点点头，脸上的表情似乎轻松了不少。

孩子解决问题的能力比成人弱，作为父母，当孩子出现不良情绪的时候，不要一味苛责孩子，或者盲目给孩子讲大道理。我们可以创造一种宽松的环境，让孩子把被压抑的情感释放出来，并且认真地倾听孩子诉说，这样才能使孩子养成冷静、乐观、坚强的心理品质。

对于父母来说，如果能够引导孩子正确理解情绪，正确表达自己情绪的变化，不仅有益于孩子的人格发展和社交能力的提高，还会使孩子拥有更加精彩的人生体验。

第七课
优秀的表达能力带来终身受益的七大能力

7.6 做"有心"的听者，培养孩子的信息收集能力

我小时候是个非常不爱说话的人。妈妈拿我没办法，就经常对我说："人的嘴巴不仅是用来吃饭的，还是用来说话的。"可是我依然不喜欢说，因为我觉得"听"比"说"更轻松、更有趣。慢慢地，我不仅觉得"听话"有趣，还在"听"中得到了很多有用的信息。

我小时候有一位邻居，长得好像画中的神仙，留着长长的胡子。每天下午吃过晚饭，他都会到我家来喝茶，爸爸和他相对而坐，我则蹲在旁边仰着头看他们聊天。

也许就是从那个时候起，我养成了喜欢听别人说话的习惯，一直到现在。

在听他们讲话的过程中，我学到了很多知识，知道了村头几米高的大土包是将军墓，知道了我们村子之所以雷姓人家多是因为这个村里的人最早是给姓雷的人家看坟的（看坟的人都没有姓氏，就随了墓主人的姓氏），知道了下雨的时候池塘的水会上涨，鱼就会从池塘游到田里，雨过后就可以去抓鱼……

善于听别人说话，从中搜集自己感兴趣的信息，真的是一件很长本领的事。

在人与人沟通的过程中,"听"和"说"本来就是一家,要想训练孩子的说话能力,自然少不了培养他们"听话"的能力。只有做到有效地倾听,孩子才能领会语言的深层含义,才能听出弦外之音,才能记住别人谈话的重要内容。

儿子也继承了我的这项"优良传统"。

儿子在幼儿园上大班的时候,一天放学我接他,他突然问了我一个问题:"妈妈,我是从哪里来的?"

我和大多数父母一样,告诉他,他来自妈妈的肚子。

儿子对我这个回答并不满意,继续问:"你知道我是怎么进入你肚子的吗?"

我和他开玩笑地说:"我一不留神,你就进了我的肚子了。"

"妈妈你说得不对。"他停下脚步,用十分认真的神情看着我说:"我是由精子和卵子受精来的。"

我没有想到小小年纪的他居然知道精子和卵子。他又继续说:"爸爸给了妈妈精子,精子进入妈妈的子宫,遇到了卵子,就有了受精卵。然后受精卵就在妈妈的肚子里慢慢长,最后就有了我。"

"你是怎么知道的呢?"

"童童的妈妈告诉他的,他又告诉了别的小朋友。我在旁边听,后来班上的小朋友就都知道了。"

儿子对自己的发现非常感兴趣,回到家就给外婆、大姨妈打电话,给他们普及在他看来这个很多大人都不知道的知识。

第七课
优秀的表达能力带来终身受益的七大能力

如今,很多家长已经开始懂得并有意识地培养孩子的倾听能力。不过,让孩子"懂得倾听"只是让他们"会听"的初级阶段,让孩子在倾听过程中筛选自己所需要的信息,不仅可以集中孩子的注意力,还可以培养孩子专心听讲的习惯,让他们提高听课效率,避免"假听"情况的出现。

为了达到这一目的,家长们可以从培养孩子"听话"的技巧开始,提高孩子在沟通中的专注度,例如在谈话的过程中关注对方的表情、神态、体态等,可以帮助孩子深入了解对方的情感和态度,从而作出正确的决断。另外,还可以通过点头、微笑、提问等方式,在谈话中做出积极的反应,在沟通中产生良好的交际效果,提高孩子的听说能力。

著名教育家叶圣陶曾经说过,所谓能力并不是一会儿就能够从无到有的。任何能力的形成,一要得其道,二要经常训练;训练成了习惯,才算有了能力。

我们每个人的内心都藏着一个希望得到肯定的自我,在谈话的过程中,我们都希望有一双会倾听的耳朵。当我们对所说的内容感到无法驾驭的时候,我们不妨做一个信息收集者,在听的过程中收获别人播下的种子。

7.7 肯定他人，培养孩子的团体合作能力

掌握优秀的表达技巧，是孩子与世界沟通的起点。通过沟通，我们孤独的个体生命才得以在这个世界上与别人产生关联，并且逐渐学会了沟通、分享、交换、合作等生存技能。

然而，对于自我意识比较强的孩子来说，如何学会在人际交往中肯定别人，与学会拒绝别人同等重要。

我曾经有一名学生，名叫李梓杰，属于比较有个性的孩子，做什么事都有自己的主见和想法，所以在他和同学交流的时候总会引起不愉快。

有一次轮到他们小组做卫生，按照习惯，大家会以"扫地、摆桌椅、墩地、擦黑板"的顺序完成任务，可是李梓杰觉得这样的程序很不对，因为扫完地再摆桌椅，被桌椅挡着的垃圾就又露出来了，还要再扫一次，会徒劳地增加一项新任务。

于是，他对同小组的同学说："我觉得我们先扫地不对，应该先摆桌椅。"

而习惯了以前做法的其他组员说："还是要先扫地，因为有的同学扫得快，扫完的人就可以摆桌椅，这样穿插劳动不浪费时间。这是老师说的。"

第七课
优秀的表达能力带来终身受益的七大能力

同学说得有理有据，还拉出老师这个绝对权威。

但是李梓杰说："老师说的也未必全对，每次我们摆桌椅都会露出来垃圾，还要再扫，太麻烦了。"

"你敢说老师说的不对，一会儿我告诉老师！"一个学生立刻抓住了李梓杰对老师的"不敬"，大声喊起来。

"告诉老师就告诉老师，你们连值日都不会做，真是一群笨蛋！"李梓杰看到同学们都反对他，生气极了。

"你敢骂人，我告诉老师！"另一位同学不依不饶。

就这样，本来一次常规的值日，最后整个小组在教室里大吵了起来。我后来问明原因，先把李梓杰拉到一边，对他说："我知道你是一个善于发现问题的孩子，你能够在平时的小事上思考，是有科学家的潜质呀！但是大家做值日都很用心，都是在为班级服务，可你一上来就否定大家，你想大家会不会生气？"李梓杰想了想，点了点头。

我继续说："如果你先肯定大家为集体服务的精神，再礼貌地提出自己的想法，我想同学们会想试试的，你说是吗？"李梓杰想了想，再次点了点头。

认可别人，才会得到别人的认可，这就是"肯定"与"否定"所带来的不同结果。

我们每个人都生活在集体中，我们要和集体保持一致，就要发现集体的闪光点。即使一个人足够优秀，但一个人的想法并不能代替所有人。所以，要想创造和谐的沟通环境，我们先要有一双善于发现他人身上闪光点的眼睛。

  从人际交往的角度来说，当一个人说"不"的时候，从心理模式上分析，他（她）的内心就像上了锁，对以后要发生的事情全部加以否定，他（她）会调动自己所有的情绪来支持自己选择"不"的理由，不由自主地保护自己的心理感受；哪怕内心已经动摇，但在言语上还是会依然坚守。人一旦进入这种"负隅顽抗"的状态，就会一路走下去。

  而当我们习惯说"是"的时候，身体和心理会处于亲和、开放的状态，这种包容的心态更有利于沟通，使交流向更积极的方向发展。

  古人云："深思者虑远，登高者望远，轻履者行远。"

  与其固执己见，不如努力培养孩子成为一个"轻履者"，善于倾听别人的见解，融合自己所需，谦虚地从肯定他人做起，这样才可以帮助其走得更远。即使对方不说"是"，我们也要教会孩子从我们自己先说"是"开始，这是获得最终胜利的秘诀，也是智者谈话的开始。

第七课
优秀的表达力带来终身受益的七大能力

优秀的表达力带来终身受益的七大能力

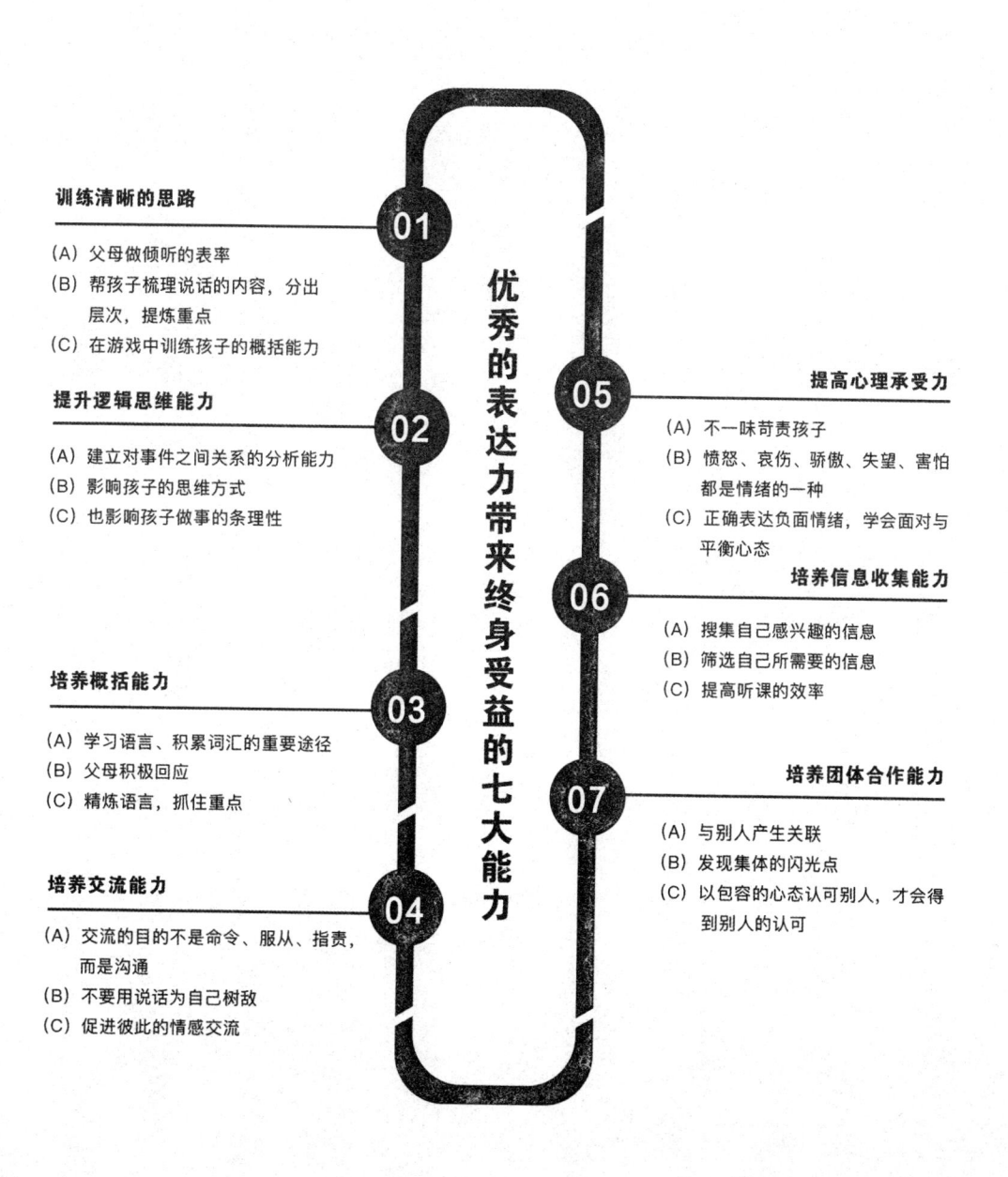

01 训练清晰的思路
(A) 父母做倾听的表率
(B) 帮孩子梳理说话的内容,分出层次,提炼重点
(C) 在游戏中训练孩子的概括能力

02 提升逻辑思维能力
(A) 建立对事件之间关系的分析能力
(B) 影响孩子的思维方式
(C) 也影响孩子做事的条理性

03 培养概括能力
(A) 学习语言、积累词汇的重要途径
(B) 父母积极回应
(C) 精炼语言,抓住重点

04 培养交流能力
(A) 交流的目的不是命令、服从、指责,而是沟通
(B) 不要用说话为自己树敌
(C) 促进彼此的情感交流

05 提高心理承受力
(A) 不一味苛责孩子
(B) 愤怒、哀伤、骄傲、失望、害怕都是情绪的一种
(C) 正确表达负面情绪,学会面对与平衡心态

06 培养信息收集能力
(A) 搜集自己感兴趣的信息
(B) 筛选自己所需要的信息
(C) 提高听课的效率

07 培养团体合作能力
(A) 与别人产生关联
(B) 发现集体的闪光点
(C) 以包容的心态认可别人,才会得到别人的认可